KB091431

게임 유저 리서치

더 좋은 게임을 만들기 위한
사용자 조사 방법

게임 유저
리서치

김슬기 · 구본승 · 구지연
김현성 · 안시형 · 강윤영 옮김

스티브 브롬리 지음

i!i
에이콘

에이콘출판의 기틀을 마련하신 故 정완재 선생님 (1935-2004)

F 키를 누르면 설인 괴물보다 더 빨리 달릴 수 있다는 사실을 몰랐던
쓰러진 모든 〈SkiFree〉 게임 플레이어에게 이 책을 바칩니다.

추천의 글

비디오 게임은 매우 창의적인 매체이며, 게임은 누구에게나 의미가 있다. 일반 사람들이 창의성을 발산하고, 탐구하고, 경쟁하거나 고된 일상에서 벗어나 한숨 돌릴 수 있는 분출구로써 말이다.

훌륭한 비디오 게임은 그 일에 종사하는 사람들의 창의성, 타협, 겸손함 및 다양한 개발자 간의 협업을 통해 일상적인 노력으로 탄생한다. 게임 개발팀은 무^無에서 마법을 창조해낸다는 신념 아래 기술자, 아티스트, 디자이너 및 운영자들을 한곳에 모은다.

그리고 그들의 영감이 시각적 표현과 코드로 구현되면, 그들의 상상 속에 존재하던 세계는 우리의 현실과 만나게 된다. 우리의 현실은 매우 바쁘고 무언가를 잘 잊어버리며 기술과 지식에 대한 편차가 크고, 매일 쏟아지는 수백 개의 새로운 게임에 둘러싸여 있다. 그리고 참신함에 굶주린 일상의 플레이어들로 가득하다.

게임 유저 리서치는 창의적인 상상력으로 구현된 게임이 갖는 가치와 대중이 매일 즐기는 게임이라는 제품 간의 격차를 해소하기 위해 중요한 목소리를 내는 역할을 한다.

게임 유저 리서처로서 커리어를 쌓는 길은 멋지고 보람된 일이다. 일상적 업무 루틴 자체에서도 의미를 찾을 수 있으며, 특히 다른 이들의 업무에 의미와 명확성을 높이는 과정을 통해 즐거움을 발견하게 될 것이다. 당신은 열정적이고 창의적인 다양한 분야의 사람들이 그들의 분야에서 최고의 역량을 낼 수 있게 힘을 실어 줄 수 있다. 그리고 전 세계적으로 사랑받는 놀라운 경험이 개발되는 과정 전체를 직접 이끌게 될 것이다.

이런 임무에는 다소 벅찬 책임이 따르는데, 게임 유저 리서처들은 다양한 커뮤니케이션soft skill 및 전문 지식hard skill을 쌓아야 한다. 연구원으로서의 핵심 역량이라고 할 수 있는 행동 관찰과 데이터 분석부터 대인관계 및 설득 기술, 영상 편집이나 통계, IT 등의 기술적인 능력까지 포함된다. 이러한 역량은 비밀스러우면서도 대중적인 전문 비디오 게임 개발의 세계에서 필수적이다.

스티브 브롬리Steve Bromley의 책은 전문적인 조언을 잘 담고 있으며, 게임 유저 리서치 분야에서의 역량 강화에 도움을 줄 수 있도록 잘 설계돼 있다. 모든 페이지는 스티브가 노력으로 얻어낸 깨달음과 실제 게임 개발업계의 현실에서 얻은 사례로 구성돼 있다. 본문 내용 중 스스로 경험한 성공 및 실패 사례 또한 포착할 수 있었다. 여러분처럼 나도 커리어 초기에 이 책을 참고할 수 있었다면 좋았을 것이다.

모든 전문 영역이 변화를 경험하고 있으며, 게임 개발분야 역시 예외는 아니다. 게임 개발도구, 하드웨어 및 노하우를 쉽게 이용할 수 있다는 것은 새로운 비디오 게임을 극심한 경쟁 상황에 놓이게 한다. 이러한 변화로 인해 게임은 개발단계에서 우수한 수준의 품질을 갖추도록 요구된다. 게임 개발은 항상 변화의 중심에 놓여있는 것 같다. 이 책이 출간될 쯤이면 우리는 스마트폰의 확산 도입과 가상현실VR의 창조적인 가능성으로 인해 새로운 콘솔 기기 세대에 접어들며 새로운 비즈니스 모델, 새로운 장르 및 기술이 대화형 미디어의 판도를 바꾸는 모습을 목격하게 될 것이다.

게임은 궁금증과 기술을 통해 새로운 스토리와 새로운 재미를 추구하기 때문에 게임 개발은 변화에 의해 정의된다. 이 책을 보고 있는 당신은 리서처로서 게임 개발의 중심에서 게임의 변화를 만들어갈 것이다.

게임 유저 리서치 프로세스에서 활용하는 우리의 방법론은 실무에서 40년 이상 활용돼 왔다. 미래의 신기술 도입이나 지속적인 성숙, 그리고 미래가 필연적으로 가져올 예측할 수 없는 모든 변화를 통해 게임 유저 리서치는 또 다른 40년 넘게 지속될 수 있을 거라 확신한다. 게임 개발자들이 전하고 싶은 이야기를 구현할 수 있도록 더 많은 플레이어를 만족시킬 수 있게 더 많은 재미를 찾을 수 있도록 도움을 주면서 말이다.

세바스찬 롱 Sebastian Long
플레이어 리서치 책임자Director of Player Research

한국어판 추천의 글

앱은 사용한다고 하지만 게임은 플레이한다고 합니다. 이 미묘한 차이를 다루는 책이 나왔다는 것에 너무 반가웠고, 한편으로 "게임산업이 여기까지 발전했구나."라는 생각에 감회가 새로웠습니다. 이 책을 읽으면서 '게임 유저 리서치'가 꼭 필요할 거라는 막연한 생각 하나만으로 다짜고짜 부딪혀보던 과거가 떠올랐습니다.

세상의 모든 산업이 공급자 중심에서 사용자 중심으로 바뀌어 가는 시기에 게임산업도 예외일 수 없다고 생각했습니다. 경쟁이 치열해질수록 유저는 작은 차이에 민감해지고, 그 차이를 파악하는 회사의 눈과 귀가 더욱 더 예민해져야 하는 건 어쩌면 너무 당연한 이야기이기도 합니다. 이러한 실리적인 측면을 떠나서 철학적인 측면에서도 게임 유저 리서치에 관심을 갖는 것은 꼭 필요하다고 생각했습니다. 회사가 게임 유저 리서치에 관심을 갖고 꾸준히 투자한다는 사실은 결국 회사가 유저의 심연의 무의식에 대한 관심을 유지하고, 궁극적으로 유저의 즐거움을 위한 서비스를 하겠다는 정체성 선언이기도 하기 때문입니다.

이렇게 목표 의식은 있지만 그 어떤 지식과 경험도 없는 채로 게임 유저 리서치의 황무지에서 직접 시행착오를 겪으며 얻어낸 여러 지식과 경험이 이 책에 그대로 녹아 있는 모습을 보며 놀라움과 함께 훌륭한 리서처가 양성될 수 있는 좋은 토양이 되겠다는 생각이 들어 기쁜 마음이 들었습니다. 또 그와 동시에 이렇게 간단히 양질의 지식을 얻

9

게 될 독자들에 대한 엉뚱한 부러움이 동시에 들기도 했습니다. 그것이 이 책이 선사하는 간접경험의 힘이 아닐까 생각합니다.

이 책이 특히 감명 깊었던 이유는 다루고 있는 내용이 이론에서만 머무는 지식이 아닌 실무 경험에서 우러난 실용적인 지식이라고 느껴졌기 때문입니다. 크런치와 일정 변경을 대하는 방법부터 게임을 쉽게 만들려는 유혹에 대한 가이드, 게임 리서치의 특성상 통제된 환경이 아닌 여러 명이 동시에 플레이하는 통제 불가능한 환경이 많습니다. 이러한 문제를 해결하기 위해서는 데이터 분석가 등 다른 직군과 시너지를 내는 법, 리서처는 기획하는 사람이 아닌 기획의도와 실제와의 간극을 파악하는 사람인 점을 잘 인지하고 있어야 합니다. 이런 모든 사항을 강조하고 있는 것을 보며 실무를 깊게 경험하지 않고서는 나올 수 없는 내용이라고 생각했습니다. 게임에서는 더 빨리 완수할 수 있는 것을 일부러 더 느리게 완수하도록 만들기도 하고, 유저는 이를 귀찮으면서도 재미있어하는 복잡미묘한 감정을 느끼기도 하는데, 그것을 해석하는 주관과 객관의 영역에 대한 각자의 역할을 정의했다는 점에서 통찰력을 느낄 수 있었습니다.

저는 이 책이 좁다면 좁은 게임 리서치라는 주제를 담고 있지만, 그럼에도 되도록 다양한 산업 종사자들이 읽어봤으면 하는 바람이 있습니다. 결국 게임 유저 리서치는 필요하기 위해 사용하는 것과 즐기기 위해 플레이하는 것의 미묘한 관점 차이, 어떤 서비스나 상품을 대하는 고객들의 감성적 접근에 대한 인사이트를 얻는 과정이라고 생각하며, 이러한 인사이트는 단지 게임에서만 필요한 것이 아니라고 생각하기 때문입니다. 특히 미래에는 분야를 막론하고 이러한 인사이트가 중요해지리라 생각합니다. 즉 게임 유저 리서치는 어쩌면 게임이라는 산업을 넘어선, 아직은 충분히 연구돼 있지 않은 영역인 즐기는 인간, 호모 루덴스Homo Ludens의 관점에서 인간을 통찰하는 것이라고 생각합니다.

겨우 셋이서 "우리도 게임 유저 리서치라는 걸 해볼까요?"라며 근거 없는 자신감으로 일을 시작했을 때가 엊그제 같습니다. 어느덧 게임산업의 선봉에서 훌륭한 지식을 찾아내고 전파하는 역할을 하고 있는 인텔리전스랩스 UX실의 성장에 진심으로 감사드리며 글을 마칩니다.

넥슨코리아 최고운영책임자COO

강대현

옮긴이 소개

김슬기

작품을 통해 느끼는 즐거움과 감동을 많은 사람에게 전달하고 싶어 단국대학교에서 영화를 공부했다. 이후 아이폰을 사용하며 받은 충격과 감동을 계기로 경험을 개선하는 UX 분야에 입문했다. 국민대학교에서 경험디자인 전공으로 석사학위를 받고, 현재 넥슨코리아에서 게임UX분석팀장으로 재직 중이다. 더 나은 경험을 위해 연구하고 개선하는 일이 세상을 좀 더 즐겁고, 행복한 곳으로 만들 수 있다고 믿는다.

구본승

가상 세계와 현실에서 경험의 규칙을 발견하고 활용하는 일을 하고 있다. 중앙대학교 심리학과를 졸업하고, 연세대학교에서 인지과학 전공으로 석사학위를 받았다. 인간의 흥미, 동기, 권태 등 몰입 경험과 설득적 디자인, 행동 디자인에 관심이 많다.

구지연

잘 할 수 있는 일, 좋아하는 일을 찾기 위해 다양한 분야를 탐구하고 싶어 연세대학교 문화디자인경영학과에 진학했다. 대학 시절 광고기획, 경영전략 등의 분야에서 경험을 쌓으며 근본적인 문제 해결 방식을 추구했고, 결국 답은 사람을 깊게 들여다봐야 알 수 있다고 일깨워주는 UX 분야를 알게 됐다. IBM UX 컨설턴트, 카카오 VX 서비스 기획자를 거쳐 넥슨코리아에서 게임 UX 리서처로 재직 중이다. 뾰족한 인사이트를 찾고 사람들의 인식과 경험을 변화시켜가는 과정이 재미있다.

김현성

서울대학교에서 언론정보학과 정보문화학을 전공했고, 언론정보학 석사학위를 받았다. 엔씨소프트에서 게임 기획자로 일한 경험이 있으며, 현재는 넥슨코리아에서 게임 UX 리서처로 일하고 있다.

안시형

넥슨코리아 인텔리전스랩스 게임UX분석팀의 게임 UX 리서처다. 더 나은 의사결정을 하기 위해 다양한 정성/정량적인 방법론을 활용해 유저를 이해하고 인사이트를 도출하는 일을 하고 있다. 연세대학교 컴퓨터과학과를 졸업하고 동 대학원에서 생활디자인학 전공으로 석사학위를 받았으며, 컴투스^{Com2uS}의 클라이언트 프로그래머로 게임업계에 입문했다. 데이터에 기반한 의사결정과 제품과 조직의 성장에 관심이 많다. 문제해결 능력에 자신 있는 편이다.

강윤영

사람에 대한 호기심과 애정 하나로 고려대학교에서 심리학과 뇌과학을 전공했다. 배운 내용을 실제 서비스 디자인에 접목시키고자 연세대학교에서 인간컴퓨터공학HCI, Human-Computer Interaction 전공으로 석사학위를 받았다. 이후 넥슨코리아에서 UX 리서처로 커리어를 시작했으며, 다양한 리서치 방법론을 활용해 인사이트를 도출하는 역량을 쌓았다. 현재는 UX 리서처를 넘어 UX 전략가로서 새로운 도전을 꿈꾸고 있다.

옮긴이의 말

게임 유저 리서치는 아직 한국의 게임업계에서는 잘 알려지지 않은 분야다. 게임 유저 리서치를 간단히 소개하자면 사용자 조사를 통해 유저 관점에서의 문제나 인사이트를 발견하고, 유관부서에 해당 내용을 공유함으로써 결론적으로 좋은 유저 경험을 만들어내는 것이다. 게임 유저 리서치라는 분야가 익숙하지는 않더라도 아마 대부분의 게임회사에서는 이미 사용자 조사를 진행해봤을 것이다. 포커스 그룹 테스트, 베타 테스트 등을 통해 개발 중인 게임을 유저들이 플레이하도록 하고, 설문이나 인터뷰로 피드백을 수집하는 방식도 흔히 사용하는 사용자 조사 방법 중 하나다. 게임 유저 리서치는 이러한 과정을 체계적으로 전문화해 어떻게 해야 유저들에게 더 양질의 의견을 들을 수 있을지를 고민하는 것이다. 또 단순히 게임의 전반적인 경험에 대해 피드백을 받는 것뿐만 아니라 특정 콘텐츠나 상황에 대한 경험을 세부적으로 살펴보기도 하고, 유저들이 직접 말하지 않은 것을 행동 데이터나 생체 데이터를 통해 알아내기도 한다.

넥슨NEXON의 인텔리전스랩스 UX실 게임UX분석팀은 게임 유저리서치를 전문적으로 수행하는 조직이다. 2014년에 데이터 분석팀의 UX 파트로 시작해 지금은 거의 20명에 가까운 게임 UX 리서처들이 전문적인 유저 리서치를 수행하고 있을 정도로 큰 성장을 이뤘다. 초창기에는 대부분의 직원이 유저 리서치가 무엇인지 잘 이해하지 못했기 때문에 유저 리서치가 무엇인지, 어떤 일을 할 수 있는지를 자체적으로 꾸준히 홍보해서 일감을 만들어내는 노력을 했다. 최근에는 유저 리서치 요청이 너무 많아져서 힘들 정도로 유저 리서치의 중요성에 공감하는 조직이 많아졌다. 게임 UX분석팀은 넥슨에서 이뤄낸 성과를 바탕으로, 사내에서뿐만 아니라 대외적으로도 게임 유저 리서치에 대한 노하우를 공유하려는 노력을 꾸준히 해왔다. 어떤 방법으로 노하우를 공유할지 고민하던 찰나에 이 책을 알게 됐다. 그동안 봐온 게임 UX 관련 서적 중에 가장 게임 유저 리서치를 잘 설명하고 있는 이 책을 번역함으로써 더 많은 국내 게임업계 종사자들이 게임 유저 리서치를 이해하고, 함께 발전시키는 기회가 됐으면 한다.

본서에서 스티브 브롬리는 게임 유저 리서치를 전문적인 수준으로 잘 묘사하고 있다. 유저 리서치 방법론, 게임 개발 프로세스, 커뮤니케이션 스킬 등 다양한 게임업계의 측면에 대해 조언과 가이드를 제공한다. 그중 '게임 개발자는 그 게임의 유저가 아니다'라는 문구가 가장 인상적이었다. 세상에는 정말 다양한 종류의 유저가 있다. 개발자가 생각하지도 못한 다양한 방식으로 각자 다른 생각을 하며 게임을 플레이한다. 유저가 이 게임을 어떻게 이해하고 느끼는지는 유저 리서치를 통해서 알 수 있다. 이 책의 서문에서는 유저 리서치가 필요한 이유를 설명한다. 1장에서는 게임이 만들어지는 과정과 게임 개발의 어려움을 알 수 있다. 2장에서는 게임 유저 리서치를 어떻게 설계하고, 준비, 실행, 분석, 보고하는지를 상세히 다룬다. 게임 유저 리서치에 관심이 있다면 특히 자세히 읽어봐야 하는 부분이다. 3장에서는 게임 유저 리서처로 커리어를 시작하는 방법을 소개하는데, 우리나라와는 업계 상황이 다를 수 있으니 유의해서 읽기 바란다. 마지막 장에서는 게임 유저 리서치와 관련된 용어를 설명한다.

이 책은 게임 유저 리서처, 게임 디자이너, 게임 개발자, UX 리서처 등 게임 유저 리서치에 관심이 있는 모든 사람에게 추천한다. 게임 유저 리서처가 되고 싶거나 이제 막 경험을 쌓아가는 리서처들에게 유용한 지식을 줄 수 있을 것이다. 리서처가 아닌 게임업계의 종사자라면 유저 리서처가 무엇인지 이해하고 어떻게 활용할 수 있을지 이해하는 데에 큰 도움이 될 것으로 기대한다.

넥슨 인텔리전스랩스 게임UX분석팀

김슬기, 구본승, 구지연, 김현성, 안시형 그리고 강윤영

지은이 소개

스티브 브롬리 Steve Bromley

런던을 중심으로 활동하는 유저 리서처로, 소니 플레이스테이션Sony PlayStation 유럽 지사에서 5년간 근무했다. 〈노 맨즈 스카이No Man's Sky〉, 〈호라이즌: 제로 던Horizon: Zero Dawn〉, 〈싱스타SingStar〉 같은 게임 타이틀, 플레이스테이션 가상현실 헤드셋과 원더북Wonderbook 같은 증강현실 기기 작업에 참여했으며, 지속적으로 비디오 게임과 가상현실 분야에서 사용성 및 유저 리서치를 진행하고 있다.

IGDA GRUX-SIG 커뮤니티와 협력해 게임 유저 리서치 멘토링 과정을 만들고 운영하고 있다. 지난 5년 동안 100여 명이 넘는 학생과 소니, EA, 밸브Valve, 유비소프트Ubisoft 및 마이크로소프트Microsoft 등에서 근무하는 50여 명의 멘토들과 함께 작업했으며, 많은 사람이 게임업계에서 커리어를 시작할 수 있도록 도왔다. 이 책은 멘티들이 커리어를 시작하며 질문했던 많은 주제를 다루고 있다. 또한 업계에 초점을 맞춘 최초의 유럽 게임 유저 리서치 학회를 공동 설립했다.

이 책은 유저 리서치와 관련된 저자의 두 번째 책으로, 유저 리서치와 관련된 더 많은 정보와 책 관련 최신 정보를 보려면 다음과 같은 채널을 구독하길 추천한다.

- 트위터: @steve_bromley
- 웹사이트: www.stevebromley.com

감사의 말

이 책을 집필하는 데 조언과 도움을 준 니다 아흐마드Nida Ahmad, 세바스찬 롱, 제스 톰킨스Jess Tompkins 그리고 제임스 버그James Berg에게 감사를 표한다. 이 책의 초본을 검토하는 데 저녁 시간과 주말을 희생한 이 게임 리서치 및 유저 경험 전문가들이 있어 내용을 크게 개선시킬 수 있었으며, 바보 같은 실수를 남기지 않을 수 있었다.

멋진 그래픽 기술을 활용해 이 책의 표지와 책의 웹사이트(games userresearch.com) 포스터 및 스티커를 제작해준 클로이 트루Chloe True 에게 감사를 전한다.

서섹스대학교Sussex University에서 HCI 과정 동안 나를 게임 유저 리서치의 세계로 입문시켜준 그라함 맥알리스터 박사Dr Graham McAllister에게 고마움을 전한다.

내가 처음 플레이스테이션에서 일을 시작했을 때 지원을 아끼지 않는 리서치팀을 통해 게임 유저 리서처로 일하는 의미를 깨우칠 수 있었다. 원조 멤버인 브린Bryn, 시릴Cyril, 데이비드David, 지지Gigi, 줄리엔Julien, 로렌Lauren, 로나Lorna, 멀바이스MirWeis 그리고 모Moh에게 내게 가르쳐준 모든 것에 대해 감사한 마음을 전하고 싶다. 팀의 규모가 커지면서 멋진 리서처와 팀원들과 함께 일할 수 있었다. 에이미Amy, 샬린Charlene, 고칸Gokhan, 해티Hatty, 루이스Luis, 마크Mark, 미란다Miranda, 롭Rob, 토마스Thomas 그리고 틸Till, 모두에게 고맙다.

IGDA GRUX-SIGGames Research and User Experience Special Interest Group는 유저 리서처를 위한 커뮤니티로 10여 년을 넘게 지원해왔다. 커뮤니티를 잘 지도해준 운영위원회 위원인 앤더스 드라흔Anders Drachen, 애슐리 브라운Ashley Brown, 오드리 로랑-안드레Audrey Laurent-André, 벤 르위스-에반스Ben Lewis-Evans, 벤 릴Ben Lile 벤 위든Ben Weedon, 빌 풀턴Bill Fulton, 데이비스 밀람David Milam, 데이비드 티서랜드David Tisserand, 엘리즈 르메르Elise Lemaire, 엘리자베스 젤Elizabeth Zelle, 엠마 바르조Emma Varjo, 그라함 맥알리스터, 해나 머피Hannah Murphy, 헤더 드수비르Heather Desurvire, 이안 리빙스턴Ian Livingston, 제임스 버그, 제이너스 라우 소렌슨Janus Rau Sorensen, 제니퍼 애쉬Jennifer Ash, 조던 린Jordan Lynn, 존 홉슨John Hopson, 케빈 키커Kevin Keeker, 커크 로저스Kirk Rodgers, 라니 딕슨Lanie Dixon, 로라 레비Laura Levy, 레나트 낵케Lennart E. Nacke, 매기 시프 엘-나스르Magy Seif El-Nasr, 마리나 코바야시Marina Kobayashi, 마이크 엠바인더Mike Ambinder, 니콜라스 반미어튼Nicolaas VanMeerten 그리고 세바스찬 롱에게 감사를 표한다.

그리고 본인들의 시간을 희생해가며 학생들을 훌륭한 유저 리서처로 교육시키는데 이바지하고 있는 게임 리서치 및 유저 경험 멘토들에게 그들의 전념과 헌신에 경의를 표한다. 아담 로벨Adam Lobel, 아흐메드 고네임Ahmed Ghoneim, 알렉시스 로셸Alexis Raushel, 알리스테어 그레오Alistair Greo, 안드레아 에브니Andrea Abney, 오드리 로랑-안드레, 벤 르위스-에반스, 벤 릴, 브라이스 아놀드Brice Arnold, 셀레스티아 고Celestia Koh, 찰스 서머빌Charles Somerville, 클로이 스넬Chloe Snell, 시릴 레베테즈Cyril Rebetez, 다니엘 아파리치오Daniel Aparicio, 다니엘 쿠츠Daniel Kutz, 다니엘 나타포브Daniel Natapov, 데이비드 싱클레어David Sinclair, 데이비드 티서랜드, 데이비드 주라치David Zuratzi, 엘리자베스 슈미들린Elizabeth Schmidlin, 엠마 바르조, 해나 머피, 하비 오웬Harvey Owen, 헨릭 에드룬드Henrik Edlund, 제임스 버그, 잭슨 슈크라Jason Schklar, 장-뤽 포트Jean-Luc Potte, 제스 톰킨스Jess Tompkins, 짐 스탠호프Jim Stanhope, 지미 주Jimmy Zhou, 조 플로리Joe

Florey, 조한 도렐Johan Dorell, 존 홉슨, 조나단 댄코프Jonathan Dankoff, 조르단 린Jordan Lynn, 조제프 쿨릭Jozef Kulik, 케이시 미스캘리Kacey Misskelley, 칼 스타이너Karl Steiner, 케빈 키커, 커크 로저스, 라니 딕슨, 로라 레비, 레나트 넉케, 루카스 리졸리Lucas Rizoli, 루크 프레이저Luke Fraser, 마크 프렌드Mark Friend, 맷 스트라이트Matt Streit, 마이크 앰바인더, 모 칸Moh Khan, 모건 슈라이버Morgane Schreiber, 네이션 바라자반드Nathan Varjavand, 니콜라스 반미어튼, 페즈만 미르자-바바이Pejman Mirza-Babaei, 필 케크Phil Keck, 레이 코왈레스키Ray Kowalewski, 로버트 틸포드Robert Tilford, 새라 로모슬라스키Sarah Romoslawski, 세바스찬 롱, 스티븐 매티슨Steven Mathiesen, 수라비 마투르Surabhi Mathur, 타니아 마르테란Tania Martelanc, 울라 카르핀스카Ula Karpińska 그리고 윌리엄 하딘William Hardin, 모두 고마운 멘토들이다.

2021년 해나 머피를 필두로 한 멘토링 제도에 흥미진진한 변화가 있었고, 앞으로의 발전에 응원을 보낸다.

그리고 누구보다도 나의 멋진 부인 엠마에게 이 책을 제작하는 데 있어 보여준 그녀의 지지와 도움에 고마움을 바친다. 그녀가 아니었다면 해낼 수 없었을 것이다!

차례

1. 게임이 만들어지는 과정

2. 게임 유저 리서치를 실행하는 방법

들어가며: 더 좋은 게임 만들기

게임 유저 리서처는 더 좋은 게임을 만들 수 있도록 돕는다. 게임업계에서 이 역할은 어느 때보다도 중요하다.

나는 플레이스테이션과 여러 게임 프로젝트에서 일하며 유저 리서치가 줄 수 있는 영향력에 깊은 인상을 받았다. 작은 규모의 유저 리서치로도 게임을 궤도에서 벗어나게 하는 심각한 사용성 문제를 밝힐수도 있고, 플레이어 행동에서 영감을 받아 새로운 창의적 기회를 발견할 수도 있었다. 이 책에서 어떻게 게임 유저 리서처가 돼 이런 일을 할 수 있을지 알려주고자 한다.

게임 유저 리서처가 더 좋은 게임을 만들 수 있도록 돕는 방법엔두 가지가 있다. 하나는 아티스트, 디자이너, 프로듀서처럼 의사결정을 내리는 사람들이 플레이어를 더 잘 이해할 수 있도록 돕는 것이다. 이를 통해 의사결정의 영향력을 예측할 수 있고, 그들이 만들고 싶은경험을 창조할 수 있는 확률을 높여준다.

두 번째는 더 일반적인 방법으로, 플레이어가 게임의 초기 버전을경험하도록 해 제작자의 의도대로 플레이어들이 게임을 경험하는지확인하는 것이다. 이를 통해 출시 전 플레이어가 최선의 경험을 할 수있도록 게임을 수정한다.

유저 리서치는 문제를 드러낸다

게임 개발자들은 자신들이 실제 플레이어들과 얼마나 다른지를 자주 잊어버린다. 개발자들은 매우 숙련된 게이머인 경우가 많은 데다 자신들의 게임을 이미 경험했기 때문에 게임이 어떻게 작동하는지, 무엇을 해야 하는지, 또 어디로 가야 하는지 이미 알고 있다. 또한 개발자들은 '건너뛰기skip' 버튼을 누르지 않고 사용설명서tutorial를 모두 읽은 사람이 1978년[1] 이후로 없다는 사실을 모른 채, 플레이어들이 설명을 읽을 것으로 가정한다.

때문에 유저 리서치를 수행하지 않으면 게임이 출시될 때까지 문제점을 발견하지 못할 수 있다. 일단 게임이 출시되면 게임의 일부 요소가 이해하기 어렵거나 의도한 대로 경험할 수 없다는 점이 매우 명확해진다. 값비싼 마케팅 활동을 펼친 대형 게임은 첫인상으로 많은 것이 결정되는데, 나쁜 경험은 플레이어를 혼란스럽게 하고 낮은 평점으로 이어진다. 이렇게 되면 게임 출시를 망치게 돼 게임의 실패는 물론 스튜디오의 존립도 위험해질 수 있다. 이 책에서는 왜 이런 문제가 생기며 이를 어떻게 피할 수 있는지를 다룰 것이다.

일부 스튜디오는 이미 가벼운 플레이 테스트를 하고 있다. 개발 스튜디오에 플레이어를 데려오거나 게임 전시회를 통해 플레이어가 게임을 좋아하는지, 막히는 부분은 있는지 보는 것이다. 좋은 시작이지만 훈련된 리서처가 줄 수 있는 엄격함이나 깊이는 부족하다. 이런 환경에서 플레이어들은 여러 방향으로 편향돼 있기 때문에 결과물이 훨씬 덜 정확하다. 누구나 선반은 조립할 수 있지만 집을 지을 수는 없듯이 누구나 플레이 테스트를 해볼 수는 있지만 신뢰할 수 있고 확실한 정보를 찾는 일은 게임 유저 리서처가 더 잘할 것이며, 이런 정보가 의사결정에 더 도움이 될 것이다. 게임 유저 리서치를 실행하는 것

---

1 〈스페이스 인베이더(Space Invader)〉가 출시된 해로 본격적으로 비디오 게임이 발전하기 시작한 시기를 의미한다. - 옮긴이

의 가치는 명확한 문제점을 넘어 정확하고 수행 가능한 결과를 찾는 데 있다.

훈련받지 않은 관찰자가 엄격한 리서치와 가벼운 플레이 테스트의 신뢰도 차이를 발견하기는 어려울 수 있다. 따라서 유저 리서처는 팀이 이 차이를 인지할 수 있도록 도와야 한다. 질 낮은 플레이 테스트는 위험을 초래한다. 플레이어의 말과 행동에는 보통 차이가 있고, 많은 편향 때문에 사람들이 자신의 미래 행동을 정확히 예측하기는 힘들다. 전문적인 유저 리서처는 편향을 최소화하기 위해 노력하며, 적합한 방법론을 선택하고, 자신들의 연구 결과가 중요한 결정의 근거가 될 수 있도록 신뢰도를 확보하려 한다.

이 책이 다루는 내용

이 책은 게임 유저 리서처의 역할을 전반적으로 소개한다. 또한 독자가 새로운 커리어를 시작하려는 학생이든, 게임업계에서 일하기를 희망하는 유저 리서처든, 플레이어로부터 더 좋은 정보를 얻어내 결정에 참고하고 싶은 게임업계 종사자든 자신의 위치에서 리서처의 기술을 적용하는 데 도움이 되기를 바란다.

1장에서는 게임 개발 과정을 살펴보고 게임이 만들어지는 과정에 있는 몇 가지 신화를 떨쳐낼 것이다. 이제까지 게임업계에서 일해보지 않은 사람들을 대상으로 한다.

2장은 가장 중요한 부분으로 게임 유저 리서치를 통해 유용한 정보를 밝혀내고, 게임 개발을 위한 정보를 얻는 방법을 소개한다.

3장에서는 게임 유저 리서처로서 일을 시작하고 커리어를 발전시키는 것과 관련한 몇 가지 주제를 탐색할 것이다.

유저 리서치는 상당히 새로운 분야이기 때문에 유저 리서치를 둘러싼 많은 용어가 정착되지 않았고, 사람들은 같은 개념을 다른 용어로 사용하기도 한다.

이 책에서 사용할 몇 가지 용어는 다음과 같다.

- '유저 경험^{UX}'은 이 책에서 가장 광범위한 정의를 사용하며, 플레이어가 게임을 플레이하는 경험을 의미한다. 유저 경험은 게임플레이, 난이도, 그래픽, 유용성, 가치 인식, 컨트롤 등 모든 것이 결합돼 만들어진다.
- '유저 리서치'는 게임 개발에 참고할 수 있도록 사용자를 대상으로 수행하는 연구를 말한다. 이 책에서 유저 리서치는 UX 리서치와 동의어다.
- '리서치'[2]는 리서치 대상, 가설 검증에 적합한 방법론 정의, 리서치 수행과 분석 및 결과 보고를 포함하는 하나의 주기를 말한다.
- '플레이 테스트'는 복잡한 용어다. 플레이 테스트는 리서치와 동의어로 쓰기도 하며, 특정한 유형의 리서치를 의미하거나 플레이어의 피드백을 얻을 수 있는 리서치보다 덜 정형화된 방법론을 말하기도 한다. 이 책에서는 리서치와 동의어로 사용한다.

4장에는 익숙하지 않은 용어를 설명하는 용어집이 있다. 용어집에 있는 단어는 처음 사용할 때 **진하게** 표시해 구분한다.

앞으로도 다루겠지만 게임 유저 리서치는 게임을 재설계하려는 목적이 아니다. 그보다는 **디자이너**가 만들고 싶은 것과 실제로 만들고 있는 것 사이의 간극을 줄이는 것을 목표로 한다.

---

2 원문에는 'study'로 돼 있는데 '연구'로 번역할 경우 학술적인 의미가 강하고, 하나의 목표를 위해 설계, 수행, 분석하는 단위로서의 의미를 살리기 어렵다고 판단해 이 책에서는 '리서치'로 번역했다. - 옮긴이

게임은 새롭고 창조적이며 감정적인 경험을 할 수 있는 환상적인 기회를 제공한다. 그리고 그 기회는 너무 자주 제작자와 플레이어 사이의 격차로 인해 방해를 받는다. 우리는 스튜디오가 이런 격차를 줄이고 더 좋은 게임을 만들 수 있도록 도울 것이다.

게임 유저 리서치가 필수적인 이유

이후에 설명하겠지만 게임을 만드는 것은 어려운 일이다. 성공적인 게임을 만드는 것은 더욱 힘들다. 다른 소프트웨어와 달리 누구도 억지로 게임을 하도록 강요받지 않으며, 게임이 혼란스럽거나 지루하다면 플레이어들은 금방 떠날 것이다.

게임을 만드는 사람들은 다른 플레이어와 다르다. 그들은 자신들이 만드는 게임에 대해 생각하고 해당 게임을 플레이하는 데 수년을 보낸다. 이 때문에 새로운 플레이어가 어떻게 경험할지를 개발자들이 예측하기는 거의 불가능할 수 있다. 실제 플레이어는 예상한 방향으로 행동하지 않을 수 있고, 디자이너가 희망한 대로 이해하지 못할 수 있다. 이것은 플레이어가 개발자만큼 똑똑하지 않기 때문이 아니라 그들이 게임과 함께 한 역사가 다르기 때문이다.

게임을 구매하는 것은 개발자가 아니라 플레이어이기 때문에, 우리는 플레이어가 게임을 확실히 이해할 수 있도록 해야 한다. 게임은 재미있기 이전에 먼저 사용 가능해야 한다.

사용성 문제가 발견되면 명확한 해결책을 사용하고 싶은 유혹이 생긴다. 안내 설명이나 텍스트, 새로운 UI 요소를 추가하는 쪽이 쉬워 보이고, 팀이 시도하는 첫 번째 해결책이 될 수 있다. 불행하게도 이런 해결책은 종종 비효율적이다. 실제 플레이어의 행동을 이해하지 못한다면 이런 해결책은 시점이나 표현, 내용 면에서 실제 플레이어에게 효과가 없을 수 있다.

더 복잡한 문제의 경우 플레이어 관점에서 문제가 정말로 해결됐다는 확신이 필요하다. 문제가 해결됐는지 확인하기 위해 반복적인 유저 리서치를 실행하면 비효율적인 해결책을 넘어 더욱 정교한 해결책을 찾는 데 도움이 될 수 있다. 모든 문제가 해결 가능하며, 플레이어의 행동을 관찰하고 이해하면 올바른 해결책을 찾기가 더 쉽다.

따라서 게임 유저 리서치는 개발 과정 전반에 걸쳐 문제를 밝혀내 너무 늦기 전에 디자이너가 관련 문제를 해결할 기회를 제공한다. 이를 통해 개발자들은 그들이 원하는 게임을 만들 수 있고, 플레이어에게 더 좋은 경험을 만들어줄 수 있다. 더 좋은 게임은 재정적 투자의 위험도를 낮추고, 경쟁적 시장에서 살아남는 강한 스튜디오가 될 수 있게 한다.

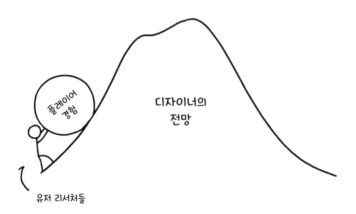

유저 리서처들은 플레이어의 경험이 향상되도록 돕는다.

더 좋은 게임과 플레이어의 행복, 게임 스튜디오의 성공은 모두 굉장히 중요하다. 이제 시작해 보자!

1

게임이 만들어지는 과정

유능한 게임 유저 리서처가 되기 위해서는 게임이 만들어지는 과정에 대한 이해가 필요하다. 개발 과정이 어떻게 진행되는지, 관련자들의 역할이 어떻게 되는지에 대해 알고 있어야 게임 요소에 맞는 리서치를 실행할 적당한 타이밍을 잡을 수 있기 때문이다. 또한 이러한 이해를 바탕으로 리서치 **결과물**이 필요한 사람들에게 전달하는 과정이 더 쉬워져, 그들이 이를 받아들이고 실제 도입하는 행동으로 이어지게 할 확률을 크게 높일 수 있다.

게임 개발 과정에 대한 이해는 리서처의 업무 전문성에 대한 신뢰를 쌓는 데 중요하게 작용한다. 리서치를 진행할 때 업무의 중요한 요소 중 하나는 개발자들과 결과를 공유하는 일이다. 그들과 게임 개발 과정에서 명확하게 소통할 수 있다면 리서처의 역량에 대한 신뢰를 높이는 데 도움이 될 것이다. 리서치 결과를 무시할 가능성을 줄임으로써 리서치의 영향력을 증가시킬 수 있다.

1장에서는 게임업계를 처음 접하는 사람들을 위한 입문서가 될 수 있도록 다음과 같은 게임 개발 요소에 대한 내용을 다룬다.

- 게임업계에서 일하는 장점
- 게임 개발과 관련된 몇 가지 공공연한 속설
- 게임 개발 과정
- 게임 개발과 관련된 역할
- 게임 개발자들이 직면하는 문제 상황

1장을 읽고 나면 초보 리서처도 게임 개발 과정과 관련해 다른 전문가들과 이야기할 수 있을 정도로 충분한 내용을 알게 될 것이다.

게임업계에서 일하는 장점

게임업계에서 일하기가 좋은 여러 가지 이유가 있다. 먼저 게임은 엔터테인먼트 매체로서 세상에 즐거움을 준다는 측면에서 존재 자체가 윤리적으로 긍정적이라고 할 수 있다(거의 대부분의 경우에 말이다). 이 자체로서 업무 의욕을 고취시킬 수 있는데, 디지털과 관련된 많은 업무가 다른 이를 감시하거나 사람들의 개인 정보를 판매하는 방법을 연구하는 것과 관련된 요즘의 기술 디스토피아^{dystopia} 시대에서 흔치 않은 일이다.

두 번째로, 게임업계는 일하기에 좋은 분야로 보여지는데, 많은 아이가 커서 게임과 관련된 일을 하고 싶어한다. 외부인에게 게임업계에서 일한다는 것은 계속해서 재미있는 일을 할 수 있고, 유명 브랜드에서 일할 수 있다고 인식된다. 예로 보험업계에서 일하는 것과 다르게 게임업계는 일하기에 '멋진' 곳이다(이는 특히나 대부분의 사람들이 모든 스튜디오가 블록버스터 게임^{AAA game}을 만든다고 생각하기 때문이다).

게임업계에서 일한다는 것은 흥미로운 최첨단 기술을 사용하는 것을 의미하기도 한다. 새로운 기술은 자주 게임에서 처음 상업적으로 적용된다. **증강현실**^{Augmented Reality} 게임은 개발된 지 10여 년이 넘었으며, **가상현실**^{Virtual Reality} 게임은 그보다 더 오래됐다. 게임은 항상 모션 감지 컨트롤러 같은 최신식 기술을 대중에게 선보이는 최전선에 있었다. 많은 경우에 게임은 참신한 기술과 관련돼 있기에, 유저 리서처가 직면하는 문제 해결을 위한 상황은 새롭고 흥미로운 경우가 많다.

게임업계에서 일한다는 것은 크레딧credit 1에 올라간다는 것을 의미하기도 한다. 본인의 이름이 게임이나 경험의 발전에 중요한 기여자로 영원히 기록되는 것은 굉장히 보람되는 일이며, 나는 항상 이런 기록을 잘 보관하고 있다. 이 부분에 있어서도 게임이 다른 소프트웨어 기술과 차별점을 갖는다. 보통 웹사이트의 경우 이를 구축하는 데 기여한 사람들을 따로 기록하지 않는다(아마도 사람들은 이전에 언급한 기술 디스토피아 시대에서 문제 상황에 대한 비난을 받고 싶지 않기 때문일 수도 있다).

이처럼 게임업계에서 일하는 것은 분명 멋진 일이다. 그렇지 않은가? 사람들이 열광하는 업계에서 흥미로운 문제를 해결하며 공로도 인정받을 수 있다.

그렇지만 물론 이면도 존재한다. 게임이 만들어지는 과정과 사람들의 역할을 더 깊이 살펴보기 전에 먼저 게임 제작이 어떤 것인지에 대한 몇 가지 오해를 알아보려고 한다. 이는 게임 유저 리서처로서 커리어를 쌓아가며 맞닥뜨리는 유일한 문제 상황은 아니며, 더 자세한 내용은 책의 끝부분에서 다루겠다.

---

1 콘텐츠가 다 끝나고 제작진들의 이름이 올라오는 것을 말하며, 보통 영화나 게임분야에서 활용된다.
   – 옮긴이

게임업계에서 일하는 데에 대한 근거 없는 믿음

사람들은 "게임은 어떻게 만들어질 것이다."라는 몇 가지 근거 없는 믿음을 갖고 있다. 게임업계에서 커리어를 시작하기 전에 이 부분을 알아본다면 실망감을 줄일 수 있을 것이다.

하루 종일 앉아서 게임만 하는 것은 아니다

첫 번째는 게임업계에서 일한다면 매일 앉아서 게임을 할 거라는 생각이다. 안타깝게도 대부분의 경우 이는 사실이 아니다. 자동차 공장에서 일하는 사람들이 매일 같이 페라리를 타는 것이 아닌 것처럼 말이다. 대신에 여느 소프트웨어 개발 직종처럼 JIRA 같은 프로젝트 관리 도구나 엑셀을 편집하는 것이 일반적인 게임 개발 활동 모습에 더 가깝다.

업무 중 게임 플레이를 요구하는 몇 가지 예외 상황이 존재하기는 한다. 첫 번째는 품질 보증^{QA} 업무인데, 버그를 찾기 위해 게임을 하게 되는데, 이는 재미로 게임하는 것과는 다르다. 플레이어로서 게임을 경험하기보다 작동하지 않는 부분을 철저히 찾기 위한 역할이다 보니 맞닥뜨리는 과제는 완전히 다르다. 〈그랜드 테프트 오토^{Grand Theft Auto}〉2 에서 빌딩을 찾기 위해 모든 벽에 부딪쳐야 하는 상황을 상상해보라.

---

2 GTA로 불리는 이 게임은 1997년 스코틀랜드의 록스타 게임즈(Rockstar games)에서 출시한 컴퓨터, 비디오 게임 시리즈다. 주인공이 범죄자가 돼 대도시에서 각종 미션을 수행하고 이에 대한 보상을 받는 게임으로, 자유도가 높은 '샌드박스(Sandbox game)' 형식의 게임이다(출처: 위키백과, 네이버 게임대백과).

이 같은 과제를 끝내려면 몇 주가 걸릴 것이며, 그다지 재밌지도 않을 것이다.

유저 리서처들은 작업 중인 게임을 이해하고 문제를 파악하기 위해 플레이를 진행한다. 안타깝지만 게임을 하는 시간은 업무의 극히 일부만 차지한다.

게임업계에서 일하면서 온종일 게임을 할 거라는 환상에 가장 근접할 수 있는 요인은 게임으로 연결되는 사람들과의 친밀한 관계가 아닐까 생각한다. 게임업계에서 일하는 사람들은 대부분 게임에 흥미를 갖고 있기 때문에 그곳에서 일하고 있고, 이들과 게임을 하며 어울리는 경우가 많다. 물론 업무 일과 중에는 아니지만 말이다.

멋진 아이디어만 내는 것이 아니다

아무도 새로운 아이디어 내는 것을 막지는 않지만, 실제 구현이 되는 경우도 극히 드물다. 슬프지만 '게임을 위해 아이디어를 내는 것'은 그 자체로서는 실제 업무가 아니다. 많은 대형 스튜디오에서는 크리에이티브 디렉터CD, Creative Director나 투자자 같은 높은 사람에 의해 아이디어가 도입되며, '어떤 게임을 만들 것인가'에 대한 결정은 게임 제작팀이 꾸려지기 전에 이미 나와있다.

이런 경우가 아니라도 게임을 위한 아이디어 제안은 많은 사람이 할 수 있는 쉬운 일이다. 정규직만의 일은 아닌 것이다. 대신 아이디어를 구현하기가 더 어렵고, 게임 디자이너들이 대부분의 시간을 집중하는 부분이기도 하다. 이는 게임의 정수를 일관된 경험을 통해 제공할 수 있도록 게임 요소와 시나리오를 조합하는 일이다. 이 과정은 굉장히 복잡하고 정교하며 반복적이고, 단순히 앉아서 아이디어를 생각해내는 것이 아니라 광범위한 팀과의 긴밀한 협업이 필요하다.

개인이나 소규모의 팀이 아이디어를 내고 구현하는 인디 게임 회사에서 일한다면 예외적일 수 있다. 이 경우 아이디어를 내는 사람이 구현에 필요한 기술을 보유해야 하며, 경험을 만들어내는 과정에 참여해야 한다. 인디 게임 개발자는 게임 구현을 위해 대규모의 팀을 고용할 금전적 여건이 되지 않는 경우가 많으며, 돈이 없다면 그들이 생각해내지 못한 아이디어를 구현하는 데 관심이 있는 전문가 조직은 없을 것이다.

게임업계에서 일하며 디자인 결정을 내리는 과정은 디자이너가 이끄는 협업이 필요하다. 그러나 게임 유저 리서치는 디자인 결정을 내리기보다는 주로 이를 평가하는 역할을 한다. 당신이 생각하는 이상적인 역할이 게임 구현과 관련된 결정을 내리는 일이라면, 디자인 쪽 커리어를 추구하는 편을 권한다.

쉽지 않은 일이다

당신이 "게임을 만드는 일은 쉽고, 개발자들이 명백하게 보이는 잘못된 방향으로 게임을 만들고 있는 걸 보면 이들은 멍청한 것이 분명하다."라는 자신감 넘쳐 보이는 온라인상의 유언비어를 믿는다면 잘못 생각한 것이다.

게임을 만든다는 것은 많은 제약을 감내하는 작업이며, 그중 가장 큰 제약 요소는 시간이다. 사람들이 구매하는 게임은 완성되기 전까지 돈을 벌지 못하지만, 개발을 위한 직원들이 고용돼 있는 동안 비용이 발생한다. 예산을 모두 소모하기 전에 게임을 완성해야 하는 실질적인 마감일이 정해져 있는 것이다. 이 말인즉슨 우선순위를 결정해야 하며, 일정에 맞춰 개발하기 위해 게임적 **요소**를 잘라내야 하는 경우가 빈번하게 발생한다는 의미다. 이는 특히 대형 프랜차이즈 게임에 있어서 중요한데, 게임 출시 이전에 홍보 계획이 이미 수립돼 있어 출시가 지연되면 굉장히 손해를 볼 수 있기 때문이다. 무료 게임에 있어서도 게임 개발 마감일은 투자사나 퍼블리셔에 의해 정해지기 때문에 시간적 압박을 받을 수밖에 없다.

더 세부적인 단위로 보자면 어떤 의사결정에서든 상충되는 장단점 사이에 균형을 맞추고, 결정이 미칠 영향을 깊게 이해하는 과정이 필요하다. 기능 구조의 작은 변화조차 게임 전체에 큰 영향을 미칠 수 있다. 유저 리서치는 의사결정에 도움이 되는 정보를 줄 수 있지만, 이로 인해 발생되는 현상을 예상하거나 우선순위를 정하기는 쉽지 않다. 많은 사람이 온라인상에서 불평을 하지만 그들 스스로도 제시하는 제안으로 인해 파생되는 영향을 정확하게 예측할 정도의 능력은 갖추고 있지 않을 것이다.

사람들이 온라인상에서 개발자들에 대해 좋지 않은 말을 할 때, 그 판단이 어떤 맥락이나 관련 요소를 이해한 상태에서 내린 것이라 보기는 어렵다. 현실에서 디자이너에게 판단을 내리는 것은 굉장히 어려운 일이 될 수 있으며, 연구에서 얻은 실제 데이터를 통해 연습하고 정보를 얻어야 하는 기술이다. 이는 쉽지 않은 일이다.

모든 게임이 Call of Duty는 아니다

많은 게임이 출시된다. 2019년에는 스팀^{Steam} 플랫폼[3]에서만 8천 개가 넘는 게임이 출시됐다. 이 중에서 20개 미만의 게임만이 누구나 아는 게임으로 대중에게 자리잡는다. 게임업계에서 일한다고 해서 항상 〈포트나이트^{Fortnite}〉나 〈피파^{FIFA}〉 같은 유명한 게임 타이틀과 연관된 일을 하지 않는다는 뜻이다.

유저 리서치 업무를 한다면 유명 게임 타이틀과 관련된 일을 할 가능성이 높아지는데, 유저 리서치 연구를 실행할 비용이나 기회는 주로 대형 스튜디오에서 발생하기 때문이다. 그러나 이러한 대형 스튜디오에서 게임과 관련된 업무를 진행하는 데 있어 경쟁 또한 많다. 유

---

3 온라인 게임을 유통할 수 있는 글로벌 디지털 플랫폼이다. 해외 각국에서 개발된 게임이 스팀에 등록되면 이용자들은 원하는 게임을 직접 구매해 이용할 수 있다. 이 밖에도 온라인 게임 이용자들을 위한 다양한 커뮤니티 서비스를 제공한다(출처: 네이버 지식백과).

명한 대형 스튜디오나 프랜차이즈와 일할 기회가 주어지는 대신에 많은 노력과 타협이 필요하다. 이에 대해서는 책의 끝부분에서 자세히 설명한다.

규모가 작은 게임 타이틀과 관련된 업무를 진행하는 것이 꼭 나쁜 것은 아니다. 내 경험상 유저 리서치 결과를 가장 잘 수용하는 조직은 작은 게임 업체였다. 5명으로 구성된 조직은 300명 이상이 일하는 스튜디오보다 창의적 자유와 리서치 결과에 반응할 수 있는 자율성을 갖춘 경우가 많았다. 업무를 진행하는 게임에 상당한 영향을 미칠 수 있다는 것은 매우 보람 있는 일이며, 소규모 팀이 함께 일하기에는 최고의 상대가 될 수 있다.

게임업계에서 커리어를 시작하기 전에 앞에서 언급한 모든 사항을 이해한다면 본인의 커리어에 대해 현실적인 기대를 갖되 합리적인 결정을 내릴 수 있을 것이다. 게임업계에서 일하는 것은 직업을 갖는 일이다. 여느 직업 같이 하는 일이 의미 없다고 느껴지는 날도 있을 것이다. 그럼에도 불구하고 멋진 업계에서 열정이 넘치는 사람들과 일할 수 있는 기회이며, 어떤 일을 어떻게 하는지에 대한 현실적인 이해를 갖고 참여한다면 엄청난 보람도 느낄 수 있을 것이다.

게임은 사업이다

비록 게임이 창의적인 예술 형태이기는 하나 게임제작은 사업이며, 궁극적으로 이를 통해 돈을 벌려는 누군가의 의해 투자되고 개발이 진행된다.

게임의 상업적 성공은 스튜디오가 더 많은 게임을 만들 수 있게 지원하고, 회사가 도산하지 않도록 한다. 이는 수년간의 개발 사이클을 가진 많은 스튜디오에서 특히나 위험하다. 회사는 게임 출시로 충분한 돈을 벌 수 있어야 하고, 더욱 빠른 개발 속도를 지속할 수 있어야 한다. 이렇기 때문에 스튜디오가 새로운 개발을 시도하기보다는 성공한 작품의 속편을 내는 등의 안전한 선택을 하게 된다.

이는 또한 사람들의 직업 안정성에도 영향을 미친다. 게임은 대박과 쪽박의 시기를 자주 거친다. 개발 과정에서 많은 인력이 필요한 상황과 인원이 많이 필요하지 않은 상황이 있다. 비싼 인력의 사람들이 할 일 없이 시간을 보내거나 사람을 해고하는 대신, 많은 스튜디오는 여러 개의 타이틀을 동시에 작업하는 경우가 많다. 이를 통해 개발 시간에 시차를 두며, 하나의 게임 상황이 진정되는 동안 다른 게임에 인원을 집중 투입해 전체 팀 규모를 일정하게 유지시킨다.

따라서 실업을 회피하고 스튜디오를 지속 가능하게 운영하기 위해 게임은 성공해야 한다. 다행히 유저 리서치가 이를 도울 수 있다. 유저 리서치를 통해 플레이어들이 해야 할 일을 잘 이해시키고 잘 할 수 있도록 하며, 재미를 줌으로써 최상의 유저 경험을 만들어낼 수 있다. 게임이 성공할 기회를 높여주는 것이다. 이를 수행하기 위한 방법은

2장에서 자세히 다룬다.

게임 개발을 지속 가능하게 유지하기 위해서 상업적인 성공이 중요하지만, 이것이 게임을 만드는 유일한 동기로 작용하는 것은 아니다. 게임은 예술적 매체이기도 하며, 많은 사람은 게임 제작이 흥미롭고 창의적이며 재미있기 때문에 참여한다.

게임 유저 리서처로서 일할 때 게임에 영향을 미칠 수 있는 대부분의 기회는 유저 리서처 또는 에이전시를 고용할 여력이 되는 유명 게임 타이틀과 관련될 것이다. 인디 개발사는 예산이 부족한 경우가 많아 전문 유저 리서처를 고용하기보다 비공식적으로 수집된 피드백을 활용한다. 이 경우 몇 가지 리스크가 있는데 책의 뒷부분에서 다루겠다.

유저 리서처로서 게임 이면의 사업과 돈을 버는 방식을 이해한다면 리서치 목표의 우선순위를 정하고, 개발자들이 가진 가장 중요한 문제를 해결하는 방향으로 리서치를 이끌 수 있을 것이다.

비디오 게임은 어떻게 만들어지는가

게임을 만드는 단 하나의 올바른 방법은 없다. 개발 프로세스는 팀의 규모나 그들이 선택하는 방식에 따라 크게 달라진다. 이 때문에 '어떤 프로세스로 게임이 만들어진다'고 단정지어 말하기 어렵다.

게임 개발 프로세스는 이론에서 말하는 것보다 실무에서 더 복잡하다. 사람들의 시간과 마감일정 간의 상충되는 요구로 인해 게임 디자인 및 개발 프로세스가 방해를 받고 여러 단계가 합쳐지기도 한다. 이는 지속적인 콘텐츠 업데이트와 얼리 액세스early access[4]로 판매하는 라이브 게임GaaS, Game as a Service 추세에서 특히 두드러진다. 이런 요인은 게임이 완성되기 전에 출시 시기를 앞당긴다.

높은 수준에서 게임이 개발 과정에서 거치는 단계는 다음과 같다.

- 사업승인green light 이전: 게임에 대한 아이디어를 내고 투자자 모색
- 사전 제작: 게임의 핵심 요소를 연구하고 개발
- 제작: 게임의 규모를 키우고 세분화
- 게임 출시
- 출시 이후 업데이트 진행

각 단계를 차례로 살펴보며 유저 리서처와 어떤 연관성이 있는지 알아보자.

---

4 정식 발매 전 비용을 지불하고 베타 버전으로 체험할 수 있는 버전 – 옮긴이

사업승인 이전: 컨셉 정하기

게임은 제작비가 비싸고, 스튜디오가 게임을 출시하기까지 수년간 팀의 직원들에게 급여를 지급해야 한다. 그래서 대개의 경우 게임 개발에 투자자를 구하고, 투자자들은 자신들이 지불하는 돈의 대가로 무엇을 얻게 될지 궁금해한다. 사업승인을 위한 미팅은 이러한 결정이 일어나는 곳이다.

이 단계에서 게임 아이디어와 게임에서 달성하고 싶은 목표를 다른 사람들이 쉽게 이해할 수 있도록 정의하고 설명한다. 문서 형태로 작성되기도 하지만 게임의 느낌을 전달하기 위해 영화나 다른 게임 영상을 편집한 자료를 덧붙여 함께 제공하기도 한다. 몇 가지의 게임 **메커니즘**mechanics을 시연하는 프로토타입이나 해당 장르의 잠재 플레이어 규모 및 가치 같은 시장 조사 정보를 포함하기도 한다.

미디어 몰큘(Media Molecule)사는 플레이 가능한 형태의 프로토타입을 만들어 후에 〈리틀빅플래닛(Little BigPlanet)〉[5]이 된 게임의 컨셉을 전달하는 데 활용했다.

---

5 VIDSerbius, Little Big Planet Prototype, 2007(https://www.youtube.com/watch?v=HQLDNmllbiU)

다양한 출처에서 게임을 위한 성공적인 아이디어를 얻는다. 그중에는 어떤 주제나 장르가 잘 팔릴지 조사한 시장 조사나 어떤 **지적 재산**IP, Intellectial Property이 사용 가능한지, 또는 어떤 게임이 최근 성공했는지 등의 상업적 조사가 있다. 그리고 예술적 영감을 통해 게임을 위한 재밌고 흥미로운 아이디어를 찾는 방법도 있다.

유저 리서처들은 해당 단계의 개발을 도울 수 있는 리서치가 있고, 유용할 것 같지만 리스크가 있어 진행 시 신경 써야 할 다른 리서치도 있다. 이에 대한 몇 가지 예시를 살펴보자.

게임의 컨셉은 게임 아이디어, 핵심 요소, 캐릭터, 레벨 및 다른 게임과 어떤 차별점이 있는지를 서술할 수 있다. 컨셉은 대부분의 경우 투자자나 게임의 비전을 이해하고 작업에 착수해야 하는 전문가들에게 게임의 아이디어를 설명하기 위해 활용된다. 리서치를 위한 잠재적 주제 중 하나는 사람들이 컨셉을 잘 이해했는지 검증하는 것이다. 이를 위해 리서처는 해당 아이디어가 무엇인지, 디자이너가 청중에게 전달하려는 바를 이해해야 한다. 그런 다음 다른 전문가들에게 컨셉을 보여주고 그들의 이해 수준을 탐색해 디자이너의 의도와 부합하는지를 알아낸다. 이를 통해 게임의 비전을 명확하게 표현할 수 있도록 컨셉을 제시하거나 설명하는 방식을 어떻게 바꿔야 한다고 알려줄 수 있다.

일부 게임 아이디어는 플레이어와 플레이하는 공간에 대한 더 깊은 이해가 필요한 경우도 있다. VR이나 AR 게임 같은 모션 기반 게임은 플레이어들이 게임하기 적합한 공간이 필요하며, 이들 간의 새로운 소통 방식이 필요한 경우도 있다. 플레이어의 맥락을 이해하고 어디서 플레이하는지, 그들이 이미 알고 것을 이해한다면 VR 같은 새로운 매체를 활용하는 경우 디자인 결정에 조언을 해줄 수 있다. 마찬가지로 사람들이 모바일 게임을 하는 방법과 장소를 이해하면 게임 요소에 대한 조언이 가능하다. 예를 들어 대부분의 사람들이 소리 없이 플레이한다는 사실을 알게 되면 소리에 치중하는 게임 메커니즘을 만들지를 결정하는 데 도움을 줄 수 있다.

솔깃하지만 위험성이 따르는 **리서치**는 플레이어들을 통해 얼마나 컨셉이 마음에 들었는지에 대한 이야기를 듣는 것이다. 곧 알게 되겠지만 플레이어의 의견은 결정하는데 근거로 삼기엔 신뢰성이 떨어지는 데이터이고, 특히 사람들이 현재 존재하지 않는 것에 대해 미래의 의견을 내는 경우 더욱 그렇다. 플레이어들이 하겠다고 말하는 것과 실제 행동 간의 차이에서 나오는 리스크는 해당 데이터의 유용성이 낮다는 의미다. 유저 리서처 업무의 일환은 어떤 결론이 안전하고 어떤 것이 리스크를 내포하는지 구분하고, 개발팀도 이를 이해할 수 있도록 돕는 것이다.

개발 작업을 첫 단계는 사업승인 이전 또는 바로 직후에 게임 전반의 경험을 충실하게 재현하는 대표적인 영역인 '버티컬 슬라이스 vertical slice'를 만드는 일이다. 이를 통해 전체 게임을 계속해서 만들지 결정하는 데 활용한다. 외부의 투자자나 마케팅팀과 일하는 경우 엄청난 제작비를 지불할 가치가 있다고 설득하기 위해 공공연하게 활용된다. 영국의 비디오 게임제작사인 닌자 시어리Ninja Theory가 〈헬블레이드2Hellblade2〉[6]를 개발하며 만든 사례가 대표적이다. 그들은 게임을 플레이하면 어떤 느낌일지와 핵심적인 게임 **루프**loop를 표현하는 것뿐 아니라 콘텐츠를 만들기 위해 얼마나 시간이 필요할지 추론하기 위해 버티컬 슬라이스를 만들었다.

버티컬 슬라이스를 만드는 과정에서 여러 문제에 직면할 수 있고, 모든 스튜디오가 이를 만들지는 않는다. 게임의 대표성을 띄는 경험을 만들기 위해서 레벨 디자인 콘텐츠의 일부만 구현하면 되지만 전투 시스템, 컨트롤 및 인터페이스 같은 다른 시스템도 어느 정도 완성돼야 하며 준비에 많은 노력이 필요하다. 버티컬 슬라이스는 콘텐

---

6 헬블레이드(Hellblade), 버티컬 슬라이스, 2017(https://www.hellblade.com/vertical-slice/)

츠의 작은 부분을 대표하지만 게임을 만드는 데 있어 노력의 일부만으로는 만들 수 없다는 뜻이다. 만드는 데 많은 비용과 시간이 들 수 있다.

게임팀이 버티컬 슬라이스를 만든다면 이는 리서치를 진행해 최종 결과물의 품질을 높일 수 있는 좋은 기회가 될 수 있다. 사용성 테스트는 플레이어들이 이 최종 품질에 가까운 경험으로 작동 방식과 플레이 방식을 이해하는지 확인할 수 있다. 게임이 실제 제작 과정에 돌입하기 전 이런 문제를 확인하는 것은 디자이너들이 문제를 이해하고, 실제 경험을 구현하는 과정에서 이를 보완할 수 있는 기회를 제공한다.

사전 제작: 핵심 경험 탐색

버티컬 슬라이스를 만들게 되면 실제 게임 개발에 어느 정도의 시간이 걸릴지 가늠해볼 수 있다. 이를 통해 전체 일정을 계획할 수 있고, 게임의 사전 제작 단계에 돌입하게 된다.

사전 제작 단계에서는 핵심 요소feature는 물론 게임의 대표성을 띠는 자산인 레벨, 캐릭터 모델 등이 구현된다. 이 구간이 끝날 때쯤 게임은 플레이 가능한 형태가 되겠지만 아직은 부족하고 추후 제작 단계에서 많은 수정이 필요할 것이다.

유저 리서처들은 사전 제작 초기 구간에서 상당한 영향을 줄 수 있다. 각 기능 또는 메커니즘이 이 단계에서 생성되고 수정되기 때문에 리서치를 통해 해당 기능이 잘 이해되도록 설계되고, 의도대로 플레이어들이 경험할 수 있는지 확인하게 된다. 대부분 리서처가 플레이어를 직접 관찰하는 일대일 리서치로 진행되며 사용성 문제를 포착한다.

이 단계는 또한 다양한 게임 플레이 아이디어를 시도하고, 여기에 추가적인 시간과 노력을 투자할 가치가 있는지 시험해볼 수 있는 기회를 제공한다. 이는 일대일 리서치나 여러 명의 **참여자**가 동시에 참여하는 리서치를 통해 진행할 수 있다. 해당 리서치는 핵심 메커니즘을 반복하거나 게임을 위한 최상의 도입 방법을 찾기 위한 다양한 방법을 탐색하는 데 초점을 맞춰 진행할 수 있다.

이는 레벨 디자인과 시나리오에도 똑같이 적용된다(예: 새로운 적을 맞닥뜨리는 상황 디자인). 해당 단계에서 디자이너는 플레이어가 어떻게 행동할 것이고, 무엇을 이해하고 대치 상황에 어떻게 플레이할 것이라는 가정을 갖고 있다. 시나리오에 따른 플레이어의 실제 경험이나 플레이어들이 레벨에 따라 어디로 가야 하는지를 읽어내는 능력 등을 확실하게 밝혀내는 리서치를 설계하는 것은 게임 디자인에 직접적인 영향을 끼칠 수 있다. 디자이너들이 각 요소를 작업하는 시기에 맞게 리서치를 진행하면 리서치 결과에 따라 알맞게 반응할 수 있게 할 것이다. 게임에 모든 요소가 적용되면 이를 알파 버전이라고 부른다.

제작

괜찮은 알파 버전이 만들어지면 게임의 시작부터 끝까지 플레이할 수 있는 게임의 형태가 존재하게 된다. 이 시기에 팀 규모가 빠르게 커지고, 게임은 특징이 더해지며 다듬어진다. 일부 스튜디오는 이 시점에서 플레이어들에게 게임을 선보이기도 하는데, 특히 난이도 밸런스 조절이나 의도된 경험과 부합되는지를 확인하기 위해서 게임을 공개한다.

유저 리서처들에게 제작의 후반부에서 리서치를 진행하는 것은 어려운 일이 될 수 있다. 대부분의 스튜디오가 '플레이어들이 어떻게 생각하는지' 알아보기 위해 리서치 도입을 고려하는 시기이기는 하지만, 큰 변화를 만들어 내기에는 너무 늦은 때일 수 있다. 이는 유저 리서치가 게임 메커니즘이나 디자인에 미치는 영향을 크게 제한할 수 있다. 레벨 디자인에 대해 추가 작업이 이뤄지지 않는다면 유저 리서치 결과에서 발견된 레벨 디자인 문제를 해결하기에 너무 늦어버리게 되는 것이다.

유저 리서처들에게 제작의 후반 구간은 난이도나 밸런싱에 대한 리서치를 진행하기에 적절한 시기일 수 있다. 이는 플레이어들이 게임 전반에서 성장해나갈 수 있는지, 디자이너가 의도한 횟수대로 상대와의 경기에서 지는 경험을 하는지 등을 알아보게 된다. 이러한 긴 기간의 리서치는 대부분 여러 명의 플레이어가 게임을 동시에 플레이하는 테스트를 통해 진행하며, 리서처들은 **관찰**, 설문 및 데이터를 통해 어떤 구간이 쉽거나 어렵고, 또 의도한 대로 진행되는지 확인할 수 있다.

출시와 그 이후

완성된 게임은 '골드행gold行'[7]이라고 표현하기도 한다. 이는 게임이 CD 형태로 출시되던 시기에 CD 뒷면의 황금색에서 따온 표현이다. 전통적으로 이 시점은 게임에 추가적으로 변경하기에는 늦었다고 생각돼왔지만, 이제는 그렇지 않다. 빠른 인터넷 속도와 출시일 업데이트를 통해 스튜디오는 게임 제작부터 실제 출시일 간의 기간 동안 변화를 만들어낼 수 있다.

라이브 게임의 개념, 다시 말해 출시 후 몇 달 또는 몇 년 동안 콘텐츠 업데이트를 제공하는 프로그램은 점점 증가하는 추세다. 시즌으로 광고하는 〈포트나이트〉의 지속적인 콘텐츠 업데이트가 대표적인 사례다. 이는 게임이 출시된 이후에도 유저 리서치가 의미를 가질 수 있는 기회를 제공한다.

책의 뒷부분에서 다루겠지만 다른 분야보다 게임에 가장 영향을 미치는 문제는 비밀 유지에 대한 열망이다. 스튜디오가 비싼 돈을 들

---

7 게임 출시 전 게임의 최종본이 수록된 마스터 CD가 완성된 것. 원문 자체는 CD-ROM 시절 게임의 마스터 CD가 금색(gold)이었다는 뜻에서 이름 붙였다. - 옮긴이

여 진행하는 마케팅 전략을 통해서도 이러한 정보가 새어나갈까 걱정하게 만들고, 개발 중에 콘텐츠가 온라인상에 유출될까 봐 플레이어들에게 게임 공개를 꺼리게 된다. 출시 이후에는 리서치를 진행하는데에 대한 부담이 적어지고 게임 콘텐츠를 공개할 기회가 많아진다. 그러나 테스트 결과 게임을 변경할 기회는 훨씬 적어 테스트의 유용성이 줄어든다.

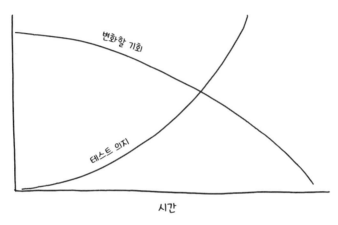

개발 단계가 진행됨에 따라 개발팀은 테스트를 더 진행하고 싶어하지만 변화를 만들 수 있는 기회는 적어진다.

출시 이후 가용성 및 밸런싱 테스트는 반복적으로 플레이하는 게임 장르에 더욱 적합할 수 있다. 모바일과 무료 게임은 전통적으로 정형적인 경험보다 이런 테스트에 더욱 적합하다.

리서치를 게임팀의 현재 우선순위에 맞춰 진행한다

많은 스튜디오가 이러한 개발 단계를 그대로 따르지 않거나 명칭 그대로 사용하지는 않지만, 개발 단계 전반에 걸쳐 리서치를 위한 기회는 찾아온다. 유저 리서처로서 동료들이 어떤 업무를 하는지 알고,

어느 단계에서 리서치가 가장 효과적일지 파악하는 것은 매우 중요하다.

많은 게임팀은 리서치가 어떤 방식으로 도움이 되는지 잘 모르는 경우가 많아 개발단계에 따라 교육이 필요하다. 유저 리서처로서의 역할은 리서치를 진행하는데 국한되지 않고 동료들에게 리서치가 어떻게 수행되는지 이해를 돕고, 플레이어의 경험을 어떻게 고취시킬 수 있는지 방법을 전파하는 것도 포함된다. 이에 필요한 기술은 책 후반에서 다룬다.

게임을 만드는 사람들

게임을 만들기 위해서는 많은 역할이 필요하다. 작은 팀에서는 한 사람이 여러 역할을 맡게 되기도 한다. 게임 유저 리서처로서 결과물이 알맞은 사람에게 전달되도록 하기 위해서는 동료들이 어떤 일을 하는지 이해하는 것이 중요하다. 사운드 디자이너에게 레벨 배치 문제를 이야기하는 것은 의미가 없기 때문이다.

이제부터 우리는 여러 역할을 살펴보고 유저 리서처가 그들과 상호작용하는 방법을 알아본다. 동료들과 가까운 관계를 구축하는 것은 의미 있는 유저 리서치를 진행하는 데 필수적이다. 동료들과 좋은 관계를 이루는 데 도움이 되는 방법은 2장에서 다룬다.

게임 디자이너

게임 디자이너는 많은 전문 영역을 포함하는 광범위한 용어다. 어떤 팀에서는 한 사람이 이 중 여러 역할을 맡을 수도 있고, 어떤 팀에서는 각 영역이 개별 담당자나 팀으로 구분돼 있을 수도 있다. 게임 디자이너에 포함되는 전문 영역에는 다음과 같은 분야가 있다.

레벨 디자인

레벨[8] 디자이너는 플레이어가 탐험하는 환경과 해당 환경 내에서 플레이어가 마주치게 될 시나리오를 만든다. 여기에는 레벨, 시나리오

---

8 롤플레잉 게임 등에서 성장 수치를 의미하는 레벨이 아니라 플레이어가 게임을 플레이할 때 진입하는 스테이지나 구역, 지역 등을 의미한다. - 옮긴이

및 캐릭터가 무엇이 될지 계획하고, 어떤 레벨, 시나리오, 캐릭터가 있을지 계획하는 일과 레벨 편집 도구를 사용해 각 캐릭터의 행동과 캐릭터가 위치할 세계 및 장소를 구체화하는 작업이 있다.

레벨 및 시나리오 디자이너는 유저 리서치에서 많은 것을 얻을 수 있다. 레벨 디자이너는 그들이 만들어 둔 특정 상황에서 플레이어가 어떻게 반응하고 행동할지를 예상한다. 실제 플레이어가 시나리오에 노출된 테스트 세션을 진행함으로써 게임 디자이너가 바라는 방향과 실제 경험이 일치하지 않는 영역을 확인할 수 있다. 플레이어가 어떤 방향으로 가야 하는지 이해하지 못할 수도 있고, 상호작용해야 하는 주요 캐릭터를 보지 못할 수도 있다. 리서처들은 게임 디자이너들이 레벨과 시나리오를 만드는 동안 그들과 긴밀하게 협력해야 한다. 시나리오가 예상대로 작동하는지 확인하고, 게임 경험을 개선할 기회를 만들기 위한 사용성 및 게임 플레이 테스트는 리서처가 수행할 수 있는 가장 영향력 있는 리서치에 속한다.

내러티브 디자인

많은 게임에는 스토리가 있다. 플레이어가 의도대로 스토리를 이해하고 경험하도록 하는 것이 게임 디자이너의 역할이다. 레벨 디자인과 마찬가지로 내러티브 디자인에는 스토리가 어떻게 될지 결정하는 일과 플레이어가 맞닥뜨리는 대화나 환경, 시나리오를 통해 스토리를 전달하는 일 모두가 포함된다.

성공적인 내러티브 디자인을 위해서는 플레이어가 스토리와 캐릭터의 동기 및 현재 일어나고 있는 일을 이해하는지 확인하기 위한 소통이 필요하다. 이 지점도 사용성 테스트를 수행할 수 있는 중요한 영역이다. 리서치를 통해 디자이너가 전달하려는 내러티브를 플레이어가 정확하게 이해했는지 확인할 수 있다. 이를 위해 플레이어가 게임을 경험하게 한 뒤 그들이 경험한 것을 이해했는지 테스트해 보는 방법이 있다. 이런 테스트를 통해 오해를 해결하거나 플레이어가 놓친 부분을 보충할 수 있게 내러티브를 바꿀 수 있다.

사운드 디자인

사운드는 게임 경험의 핵심적인 부분이다. 여기에는 음악, 음향 효과, 대화가 포함된다. 이런 요소가 합쳐지면서 감정적인 경험을 만들 뿐 아니라 어떤 캐릭터가 사악한지부터 스위치를 누르는 게 어떤 효과가 있을지까지 플레이어에게 여러 정보를 전달한다.

사운드 디자이너가 리서치를 요청하는 일은 드문 편이다. 그럼에도 사용성 문제는 종종 사운드 디자이너와 연관돼 있다. 음향 효과 때문에 사용성 문제가 발생할 수도 있고, 소리를 사용해 플레이어를 유도하는 방식으로 문제를 해결할 수도 있다. 따라서 사운드 디자이너가 리서치가 진행되고 있다는 사실을 알고 결과를 공유할 때 함께 할 수 있도록 해야 한다.

게임 아티스트

게임을 만들기 위해선 많은 아트 리소스를 제작해야 한다. 주로 UI 아티스트가 담당하는 게임 인터페이스뿐만 아니라 캐릭터, 적, 무기, 세계 속 구조물 등 게임 속 조형이 필요하다.

사운드 디자인과 마찬가지로 아티스트들은 플레이어에게 정보를 전달하려 할 때가 많다. 예를 들어 크고 빛나는 부분을 만들어 보스에게 명중시킬 약점으로 인식하게 하거나 플레이어의 체력이 부족할 때 알 수 있게 하는 경우 등이다.

이것 또한 사용성 테스트를 통해 게임이 전달하려는 바를 플레이어가 깨닫지 못하는 문제는 없는지 확인할 수 있는 영역이다. 테스트에서 밝혀진 문제를 개선하는 데 있어 많은 부분은 아티스트의 책임이다. 아티스트가 리서치 진행 상황과 결과물을 인지하도록 하는 것은 밝혀진 문제를 확실히 고치는 데 도움이 된다. 리서치 진행을 더 잘 알리는 몇 가지 방법은 이 책의 뒷부분에서 다룬다.

프로듀서

프로듀서는 팀 전체가 무엇을 언제까지 완성해야 할지 공유된 전망을 갖도록 해야 한다. 또한 게임이 제때 나올 수 있도록 모두가 맡은 일을 해내고 있는지 확인해야 한다. 이 역할은 프로젝트 매니저로 불릴 때도 있고, 회사에 따라 두 역할이 약간 다를 때도 있다. 프로듀서는 모두가 어떤 일을 하는지 확실히 알고 있어야 하고, 게임을 완성하기 위해 사람들이 집중해야 할 우선순위에도 신경 써야 한다. 개발 매니저나 개발 디렉터가 비슷한 역할을 맡을 수도 있다.

프로듀서는 유저 리서처가 함께 일하는 주요 직군일 때가 많다. 프로듀서는 개발 일정을 다루며 문제를 해결하기 위한 행동이 필요한 최적의 순간을 알 수 있기 때문에 프로듀서가 리서치를 요청하는 경우가 많다. 보통 유저 리서치 결과로 새로운 할 일이 생기고 누군가 그 업무를 맡아야 하므로, 리서치 결과를 공유하는 과정에 프로듀서가 포함되는 것은 매우 중요하다. 프로듀서가 이러한 업무를 승인하고 우선순위를 높이지 않으면 리서치는 모든 사람의 시간만 낭비하고, 게임에는 영향을 주지 못하게 된다.

프로그래머

프로그래머는 게임 분야에서 일하는 소프트웨어 엔지니어다. 게임이 작동하는 방식을 통제하는 코드를 쓰고 게임 속 시스템을 구현한다. 보통 프로그래밍 내에는 많은 전문 분야가 있어서 물리, AI, 그래픽이나 네트워크 등 각 영역에 주력하는 사람들이 있다. 팀의 공통 비전을 올바르게 구현하기 위해 이들 중 다수는 디자이너, 아티스트, 프로듀서 같은 다른 분야 사람들과 긴밀하게 협력한다.

프로그래머가 리서치를 의뢰하는 경우는 드문 편이다. 대신 이들은 디자인 문제보다 기술적 문제로 인해 게임이 의도대로 작동하지 않을 때 필요한 품질 보증팀QA과 가깝게 일한다. 그러나 사용성 문제나 유저 경험 문제를 해결하는 과정에서 프로그래머도 할 일이 생길 때가 많다. 그렇기 때문에 리서치 중에 발견된 문제를 해결하는 방법에 대해 논의할 때 프로그래머가 함께 하는 것이 중요하다.

또 탄탄한 유저 리서치를 위해서 별도의 게임 버전이 필요할 수도 있다. 이럴 때 역시 프로그래머와 유저 리서처 간의 협업이 필요하다.

품질 보증(QA)

QA는 게임이 의도대로 작동하지 않게 만드는 버그를 찾는다. 이를 위해서는 게임을 전체적으로 플레이하고, 어떻게 작동해야 하는지 이해하고, 게임이 의도대로 작동하지 않는 지점을 찾아야 한다.

게임 유저 리서처 역시 게임 속 문제를 찾기 때문에 QA와 유저 리서처가 혼동되기도 한다. QA는 잘못 구현된 오류를 찾는 반면, 유저 리서처는 게임이 정확히 구현됐음에도 의도한 플레이어 경험을 주지 않는 오류를 찾는다. 두 분야의 차이점을 설명하는 것은 신규 유저 리서치팀이 해야 하는 초기 임무 중 하나다.

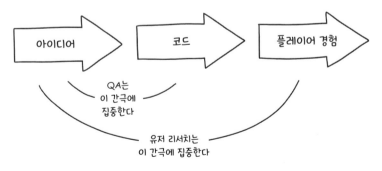

서로 비슷한 영역에서 일하지만 QA와 유저 리서치가 집중하는 지점은 다르다.

QA 담당자들은 게임을 하는 데 많은 시간을 쏟으며, 이해하기 어렵거나 진행하기 어려운 부분도 경험하기 때문에 사용성에 대한 피드백을 많이 주기도 한다. QA 담당자의 피드백은 추가 탐색이 필요한 잠재적 문제를 알려주는 훌륭한 지표가 된다. 하지만 QA 종사자는 일반적인 플레이어와 많이 다를 수 있다는 점도 기억할 필요가 있다. 그들은 게임의 작동 방식을 이해하고 있고, 집에서 처음 게임을 플레이하는 사람보다 훨씬 경험이 많을 것이다. 이런 점 때문에 QA 담당자의 경험과 플레이어의 경험은 다를 수 있어서 실제 참여자를 대상으로 리서치를 진행하는 것은 여전히 중요하다.

QA 담당자와 원활하게 일하는 것은 유저 리서처에게 매우 생산적인 관계가 될 수 있다. 이들은 게임을 진행하는 방법이나 다양한 **빌드**build의 상태를 가장 잘 알고 있기 때문에, 리서치를 준비하는 데 큰 도움이 될 수 있다. 유저 리서치 연구를 수행할 때 게임의 일부분이 준비되지 않았거나 의도대로 작동하지 않는 일도 흔하다. QA팀은 작동하지 않는 부분과 대처 방안 같이 리서치 설계에 필수적인 정보를 알고 있을 가능성이 높다.

툴 제작자

앞서 설명한 직군 종사자들은 많은 경우 직접 코드를 작성하는 대신 디자인 툴이나 스크립트 툴을 사용해 게임 애셋asset을 만들거나 게임이 어떻게 작동할지 결정하고 게임에서 해당 결정한 내용을 적용한다. 게임 스튜디오 내부에서 게임을 만들기 위해 사용하는 툴을 개선하는 일은 유저 리서처가 큰 영향력을 미칠 수 있지만, 아직 많이 탐색되지 않은 영역 중 하나다. 여기에는 툴 제작자와 협력해 직장 동료를 대상으로 하는 내부 리서치를 진행해 게임 개발 소프트웨어를 더 쉽게 쓸 수 있게 하고, 업무를 효율적으로 할 수 있게 하는 일이 포함된다.

툴을 개선하면 동료들이 더 쉽게 일하도록 할 수 있다. 따라서 내부 툴 개발자와 협력을 통해 툴 사용 방식을 연구하는 작업은 좋은 효과를 불러온다. 또 게임 자체를 개선하는 데에도 도움이 된다. 툴 개선을 통해 개발 속도가 빨라지고 업무 흐름이 최적화되면 더 효율적인 업무가 가능하다. 이것은 게임의 최종 품질에 아주 큰 영향을 준다. 또한 리서처 입장에서는 게임 개발 과정을 더 깊이 이해할 수 있어 진행할 수 있는 가장 영향력 있는 연구가 무엇인지 아는 데 도움이 된다.

참여 대상자가 외부의 일반인이 아니라 내부 동료들이기 때문에, 이런 종류의 연구를 진행할 때는 진행에 어려움이 있을 수 있다. 동료들에게는 참가비를 줄 수 없기 때문에 스케줄 확정과 참여자 모집은 선의에 의지해야 하며, 시간이 더 오래 걸릴 수 있다.

그 외 직군

게임 개발은 복잡해서 사람들의 업무는 앞서 설명한 역할대로 깔끔하게 나뉘지 않을 때가 많다. 앞서 설명한 역할이 게임 내 존재하는 모든 분야를 종합한 것도 아니다.

유저 리서치 연구의 영향력을 높이려면 당신이 일하는 게임 스튜디오와 그곳에서 사람들이 하는 일이나 결정하는 내용을 이해하는 데 시간을 쏟는 것이 좋다. 동료들을 만나 많은 대화를 나누고 스탠드업 회의나 우선순위 결정 세션, 마일스톤 계획 등 팀 내 논의에도 적극적으로 참여하는 것이 좋다. '현재 시점에서 진행할 수 있는 가장 유용한 리서치'를 결정할 때 지속적으로 이런 정보를 활용한다면 의미 있는 리서치를 진행하고, 결과물이 무시되지 않도록 하는 데 도움이 될 것이다.

게임 제작의 어려움

게임 개발은 어려운 일이다. 개발자가 겪는 압박감을 이해하면 가장 영향력 있는 연구 주제와 적절한 시기를 계획할 수 있다.

크런치

가장 시급한 과제 중 하나는 개발을 제 시간에 마치는 일이다. 마감 기한은 가끔 몇 년 전 미리 정해지기도 하며, 광고 지면 구매로 인해 고정된다. 광고는 굉장히 비쌀 수 있어서 일부 보고서에서는 대형 트리플A 게임의 광고 비용이 개발 비용과 맞먹는 경우도 많다고 한다.[9] 모바일 게임에서는 광고 비용이 개발 비용을 훨씬 뛰어넘는 경우도 많다. 이 분야는 경쟁이 심하고, 유저 하나하나를 끌어오는 비용을 세밀하게 추적할 수 있기 때문이다.

결론적으로 광고가 예정돼 있는 기한을 맞추지 못하면, 게임 전체를 다시 개발하는 것만큼 비용이 드는 어려운 상황이 생길 수 있다. 따라서 게임은 제 시간에 개발을 마쳐야 한다.

게임 개발 일정을 계획하기는 어렵다. 게임은 복잡한 시스템이기 때문이다. 버그를 고칠 만큼 충분한 시간을 두고 개발의 각 부분에 들어갈 기간을 예측하기는 어려운 일이다. 프랜차이즈 게임의 경우 시리즈에서 기존에 반복한 경험이 있고, 각 부분에 드는 시간을 잘 알기 때문에 예측이 더 쉽다. 예를 들어 〈피파FIFA〉 시리즈처럼 매년 출시되

---

9 Raph Koster, "The cost of games ", Venture Beat, 2018(https://venturebeat.com/2018/01/23/the-cost-of-games/)

는 게임이 여기에 해당한다. 이와 달리 완전히 신작인 게임의 경우 절반쯤 지나기 전까지는 각 부분을 개발하는 데 걸리는 시간을 알 수 없을 때가 많아서 향후 계획을 세우기가 매우 어렵다.

따라서 의도했던 개발 일정에서 자주 벗어나는 게임은 출시일을 맞추지 못할 위험이 크다. 개발 일정을 따라잡기 위해 게임 스튜디오는 '크런치crunch'를 시작한다. 직원들에게 야근을 시키거나 주말에도 출근하도록 해서 정확하지 않은 개발 계획으로 생긴 간극을 줄이려고 시도한다.

크런치는 달갑지 않은 일이며 아마도 좋은 생각도 아닐 것이다. 피곤한 사람은 실수를 더 많이 하고, 결과적으로 추가 근무는 비생산적인 일이 된다. 그럼에도 많은 게임 스튜디오에서 크런치가 일어난다. 비싼 마케팅 예산과 검증되지 않은 새로운 게임 기능이 있거나 콘텐츠가 많은 대형 스튜디오에서 특히 크런치가 발생한다.

유저 리서처는 다른 분야에 비해 밤새 일해야 하는 경우는 적을 것이다. 테스트 참여자를 새벽 3시에 부를 수는 없는 노릇이다. 그러나 더 장시간 분석을 진행해야 하고, 더 빨리 보고서를 제출해야 해서 크런치가 생길 수는 있다.

크런치는 다른 방식으로 리서치 조직에 영향을 미칠 수도 있다. 크런치로 인해 콘텐츠나 게임 기능 개발이 취소되거나 출시 이후 업데이트로 미뤄지는 경우가 많다. 이와 관련한 논의에 리서치 조직이 함께 해야 하고, 이런 정보를 통해 리서치 결과가 의미 있고 영향력 있는 리서치가 되도록 우선순위를 조정해야 한다.

또 알아둬야 할 인간적인 영향은 동료들이 크런치 기간 동안 피곤하고 많은 스트레스에 시달린다는 점이다. 그럴 때일수록 동료들에게 인내심과 선의를 갖고 접근해야 한다.

비밀 엄수

게임업계에서 일하며 추가로 알아야 할 점은 보안의 중요성이다. 앞서 언급했듯이 게임 스튜디오는 홍보에 많은 돈을 쓰기 때문에 가장 크게 화제를 만들기 위해 어떤 정보를 언제 공개할지에 대한 로드맵을 신중하게 계획한다.

정보를 조기에 유출하면 이 계획이 망가질 뿐 아니라 게임의 성공에도 영향을 미칠 수 있다. 이를 방지하기 위해 게임 스튜디오는 공개되지 않은 정보를 기밀로 지키려 노력한다. 게임 유저 리서치는 비밀 유지에 리스크가 될 수 있다. 리서치는 대개 외부 인원을 데려와 진행하는데, 그들은 비밀을 유출할 유혹을 더 많이 느끼기 때문이다.

사람들이 게임에 열정적이고 게임에 대해 더 많이 이야기하고 싶어하기 때문에 정보를 비밀로 유지하기가 어려울 수 있다. 리서처 역시 게임업계에서 일하는 사람으로서, 출시 전에 게임을 언급하는 것을 매우 조심해야 한다. 여기에는 이력서나 포트폴리오에서 언급하는 것도 포함된다. 사람들이 링크드인 프로필을 업데이트하다 실수로 정보를 유출해 게임업계 커리어에 문제가 생겼다는 소식을 쉽게 찾아볼 수 있다.

리서치 참여자에게는 리서치 참가 전 비밀유지서약서[NDA, Non-Disclosure Agreement]에 서명하도록 요청하는 것이 일반적이다. 이것은 영원히 또는 게임 출시 전까지 리서치에서 무엇을 보았고 무엇을 진행했는지를 이야기하지 않겠다는 내용에 동의하는 문서다. 비밀유지서약서가 있으면 정보 유출을 우려하는 동료들을 안심시키고 설득하는 데 도움이 되는 효과도 있다.

일회용 게임 버전 만들기

게임을 만들다 보면 팀이 작업하고 있는 최종 게임 외에 다른 것을 만들어야 할 때도 있다. 개발 과정에서 사람들에게 진행 상황을 보여줘

야만 할 때가 있는데, 자금을 대는 투자자들이 확인하기 위한 것일 때도 있고, 큰 쇼나 발표를 위한 것일 때도 있다.

실제 개발 진행 중인 게임은 이런 행사에 적절하지 않은 상태일 때가 많다. 이런 행사에서는 잘 돌아가는 코드가 필요하고, 게임이 완전한 경험으로 보여야 한다. 따라서 전시회나 투자자 시연을 위해 완전히 플레이 가능하거나 일부 플레이 가능한 버전을 별도로 개발해야 한다. 이런 용도로 빌드를 만드는 일의 많은 부분은 이 작업만을 위한 용도이고, 최종 게임을 완성하는 데는 도움이 되지 않는다.

유저 리서처로서 이런 일부 플레이 가능한 빌드는 현재 개발 중인 게임의 상태에서는 알 수 없는 구체적인 문제를 사용성 테스트를 통해 높은 해상도의 결과물로 확인하는 데 적합할 수 있다. 또 해당 빌드를 위한 유저 리서치가 필요할 수도 있다. 이런 빌드는 주로 관심도가 높은 행사를 위한 것이고, 시연용 빌드 개발 중 사용성 테스트를 진행해 문제를 찾으면 더 성공적인 시연을 할 수 있기 때문이다.

직업 안정성 걱정

앞서 '게임은 사업이다'에서 다뤘듯이 완전한 규모의 팀이 필요하지 않은 시기가 있다. 게임 스튜디오는 여러 개의 게임을 동시에 개발하면서 여기에 대비하지만, 이 방식이 항상 성공적인 것은 아니다. 프로젝트 취소, 개발 속도 저하, 투자 유치 실패 등의 지연 요소로 인해 완전한 개발팀이 필요하지 않은 시기가 생길 수 있다.

이 때문에 해고는 흔하며, 다른 많은 업계에 비해 직업 안정성이 낮은 편이다. 이것이 특히 힘든 이유는 대량 해고로 인해 당신의 전 동료들 역시 새 직업을 찾게 되고, 구직 시장에 공급이 넘치며 경쟁이 갑자기 심해져 새로운 직업을 얻기가 더 어려워지기 때문이다.

게임 개발자 중 대부분 직군이 이런 위험성을 갖고 있으며, 유저 리서처도 예외가 아니다. 리서치 성과가 완전히 자리잡지 못한 게임 스튜디오에서 일한다면, 사용성 연구의 의미가 떨어지는 게임 개발 단계에서 유저 리서처가 유용한지에 의문을 제기하는 사람이 있을 수 있다. 이런 점 때문에 유저 리서처는 아티스트처럼 콘텐츠를 창조하는 직군들보다 더 불안정할 수 있다.

어떨 때는 상황이 너무 심각해서 아무 것도 할 수 없고 해고가 불가피할 수 있다. 유저 리서처로서 우리는 게임 개발의 전 단계에서 의미 있는 리서치를 할 수 있다고 믿는다. 리서치의 잠재력을 동료들에게 알리고 개발 전반에 걸쳐 플레이어 중심의 의사결정을 전파하는 데 시간을 할애하면, 좋지 않은 시기에 유저 리서처가 불필요해 보이는 위험성을 줄일 수 있을 것이다. 유저 리서치를 수행하는 것이 사업적으로 도움이 되며, 팀이 디자인 목표에 더 빨리 도달할 수 있게 지원할 수 있다는 점을 이야기하면 개발 과정 전체에서 유저 리서치가 가치 있는 투자라는 재정적 근거를 마련하는 데 도움이 될 것이다.

게임 제작 과정 정리

1장에서는 게임을 어떻게 만들고, 누가 게임을 만들며, 게임 개발자가 겪는 어려움은 무엇인지에 대한 기본적인 내용을 다뤘다.

　유저 리서치는 유용한 연구를 통해 의사결정에 도움이 되는 정보를 주고, 의사결정을 평가해 게임 개발을 더 쉽게 할 수 있도록 지원해주는 역할이다. 이를 통해 팀은 최선의 상태에 더 빨리 도달할 수 있고, 게임 스튜디오가 겪는 재정적, 시간적 부담을 줄일 수 있다. 부담이 줄어들면 흥미로운 디자인 문제를 해결할 여유가 생겨 더 좋은 유저 경험을 만들 수 있다.

　2장에서는 유저 리서처가 실제로 하는 일과 더 좋은 게임을 만드는 리서치를 실행하는 방법을 살펴본다.

2

게임 유저 리서치를
실행하는 방법

모든 게임 스튜디오가 게임 유저 리서처를 고용하진 않는다. 조직마다 직무의 이름이 조금씩 다를 순 있지만 일반적으로 **유저 경험**[UX] 리서처라고 하며, 하는 일은 거의 동일하다.

유사한 직무로는 UX 디자이너가 있으며, 종종 UX 디자이너가 유저 리서치를 진행할 때도 있지만, 리서치 결과를 바탕으로 게임을 변경하는 업무 또한 담당한다는 점에서 리서처와 차이가 있다. UX 디자이너는 리서치를 진행하는 데 전문적인 유저 리서처와 같은 관점을 갖고 있진 않지만, 유저 리서처가 사용하는 동일한 기법을 많이 사용한다.

직함과 상관없이 게임 유저 리서처는 유저와 함께 리서치를 설계, 실행, 분석 및 보고함으로써 게임 의사결정을 평가하고 영감을 주는 역할을 한다.

이번 절에서는 유저 리서처가 되는 방법과 리서치를 게임 개발 과정에 맞게 녹이는 방법을 알아본다. 도입부에서는 유저 리서처의 역할을 전반적으로 살펴보기 위해 유저 리서처가 하는 일을 차례대로 설명한다.

의사결정 평가하기

게임 개발 과정에는 다음과 같이 많은 의사결정이 필요하다.

- 게임에 어떤 요소를 넣을 것인가?
- 해당 요소를 어떻게 구현할 것인가?
- 해당 요소를 유저에게 어떻게 가르칠 것인가?
- 해당 요소의 사용 시기를 유저에게 어떻게 알릴 것인가?

좋은 게임 디자인은 우연에 기대지 않고 의도를 갖고 이 같은 결정 사항에 답을 내리려는 것이다. 게임 디자이너가 "유저가 적군들에게 둘러 쌓였을 때 일대일 전투 능력을 활용할 수 있도록, 여러 명의 적군을 한 번에 밀어낼 수 있는 특별한 스킬을 만들고 싶어."라고 생각한 상황을 가정해보자. 이때 개발팀은 게임 안에서 유저가 해당 경험을 할 수 있도록 게임을 어떻게 구현할지 결정해야 한다.

하지만 개발팀의 결정이 의도한 결과를 이끌었는지를 판단하는 건 어려울 수 있다. 이를 판단하려면 다음 질문에 답을 해야 한다.

- 특별한 스킬을 어떻게 사용하는지 유저에게 충분히 가르쳤는가?
- 특별한 스킬을 사용하기에 언제가 적절한지 유저에게 충분히 가르쳤는가?

- 특별한 스킬을 언제 사용하면 안 되는지 유저에게 충분히 가르쳤는가?
- 특별한 스킬을 사용하기에 충분히 가치가 있다고 유저를 설득했는가?
- 특별한 스킬을 사용할 때 유저가 물리적으로 스킬을 사용할 수 있는지 확신하는가?

유저 리서처로서 가장 핵심은 이러한 질문에 답할 수 있도록 리서치를 진행하고, 디자인 의도대로 게임을 경험할 수 있는지 여부를 확인하는 것이다.

게임 의사결정에 영감 주기

실제 유저의 행동을 이해함으로써 여러 게임 의사결정을 개선할 수 있다. 실제 유저가 프로토타입을 플레이하는 걸 보거나 다른 게임에서 유저가 어떻게 행동하는지 이해한다면, 최적의 해결방안이 나올 때까지 추측하고 시도해보는 과정을 반복하는 것보다 더 빠르게 최적의 해결방안을 찾아낼 수 있다.

리서치를 진행함으로써 게임 디자이너들은 프로토타입 플레이를 관찰하고 유저들이 어디서 재미를 느끼는지 발견할 수 있으며, 이러한 과정은 새로운 아이디어와 해결방안을 떠올리는 데 도움이 된다. 경쟁제품 리서치 또한 도움이 되는데, 유저가 다른 게임을 어떻게 즐기는지 관찰하며 새로운 발견에 대한 힌트를 얻을 수 있다.

유저 리서처는 플레이어의 환경에 대한 리서치 또한 진행할 수 있다. 특히 어디서든 플레이 가능한 모바일 게임이나 플레이어가 실제 공간에서 움직이며 플레이하는 게임을 만들 때 플레이 환경과 관련된 리서치를 진행할 수 있다. 플레이어의 게임 상황과 이전의 경험을 더 잘 이해하면 환경 요소와 관련된 게임 디자인에 영감을 줄 수 있다.

앞서 말했던 종류의 리서치는 게임업계에서 사용성 테스트 같은 **검증 리서치**evaluative research보다 드물게 진행되곤 하는데, 숙련된 게임 디자이너들이 자신들의 직감에 기반해서 해결책을 떠올리는 걸 선호하기 때문이다. 숙련된 게임 디자이너들은 게임 디자인 전문성에 대한 자신감이 높아서 리서치를 제안하는 데 어려움을 느끼거나, 때로는 리서치를 진행할 만한 충분한 시간이 없는 경우도 있다. 그럼에도 유저 리서치를 진행한다면 최선의 해결방안을 빠르게 떠올리는 데 도움이 되므로 개발 시간과 비용을 절약할 수 있다.

리서치 설계하기

리서치에 사용되는 방법론, 설문 문항, 태스크의 종류만큼 리서치를 진행하는 데에는 다양한 방법이 많이 있다. 리서치 결과가 개발팀의 궁금증에 답을 할 수 있도록 올바른 방법을 선택하는 것이 유저 리서처가 해야 할 일이다.

리서치를 설계하려면 많은 조직이 필요하다. 유저가 테스트에 참여하는지, 올바른 유형의 유저로 모집됐는지, 테스트에 사용할 게임 코드가 제때 준비가 되는지 등을 확인해 리서치가 계획한 대로 진행되는지 확인해야 한다. 이러한 과정을 책임감 있게 진행하는 것 또한 유저 리서처의 일이다.

리서치 진행하기

리서치가 진행되는 동안 데이터가 생성된다. 유저 리서처는 유저와 직접 상호작용하는 인터뷰를 진행하면서 테스트가 계획대로 흘러가는지 확인해야 한다. 또한 추후 분석 시 도움이 될 수 있도록 테스트 내용을 메모하거나 다른 종류의 데이터를 수집하거나 테스트 상황을 관찰해야 한다.

리서치 분석하기

리서치를 완료한 후 많은 양의 원시 데이터$^{raw\ data}$를 모았을 것이다. 원시 데이터는 유저가 플레이하는 장면을 녹화한 영상이나 테스트 동안 일어난 일에 대한 메모, 참여자들의 설문 응답이나 게임 상황에 대한 분석 등이 될 수 있다. 유저 리서처는 이러한 원시 데이터를 분류하고 해석해 리서치 목표에 답하는 몇 가지 결론을 도출해야 한다.

리서치 결과 보고하기

리서치 질문에 대한 답을 찾으면 유저 리서처는 게임 의사결정을 담당하는 사람들과 해당 정보를 공유할 책임이 있다. 리서치 결과에서 나온 문제가 관련된 사람들에게 제대로 전달됐는지, 그리고 모두가 올바르게 이해했는지 확인하는 것 또한 유저 리서처의 업무다. 일부 리서처들은 또한 리서치에서 관찰된 문제를 개선하는 데 도움을 주고자 결과 보고 단계에서 유저의 행동에 대한 전문 지식을 활용하기도 한다.

유저와 함께하기

게임 개발자는 실제 유저와 다르다. 개발자는 게임 디자인에 훨씬 많은 배경 지식을 갖고 있기 때문에 게임 내 특정한 상황을 테스트할 때 개발자를 테스터로 모집하는 경우 테스트가 공정하지 않을 수 있다. 따라서 대부분의 리서치에서는 실제로 게임을 플레이하는 적합한 유저들을 찾고, 그들을 테스터로 모집하는 과정이 필요하다. 적합한 참여자를 찾고, 그들이 실제 해당 게임의 유저를 대변할 수 있는지 확인하는 것 또한 유저 리서처가 해야 할 일이다.

이제 유저 리서처가 해야 할 일을 깊이 있게 알아보고자 한다. 이번 절이 끝나면 게임 유저 리서처가 하는 일을 설명하는 방법을 알고, 게임 의사결정을 알리는 신뢰할 수 있는 리서치를 계획하고 실행할 수 있을 것이다.

게임 유저 리서처가 하지 않는 것

아직 작은 게임 스튜디오는 유저 리서처란 직업이 익숙하지 않아 유저 리서처가 어떤 일을 하는지 정확히 알지 못할 수 있다. 유저 리서처가 하는 일을 이해하는 것 외에도 유저 리서처에 대해 흔히 하는 오해가 무엇인지를 이해하는 것 또한 유저 리서처 직무를 이해하는 데 도움이 된다. 이를 통해 유저 리서처와 협업 경험이 없는 동료들에게 리서처의 역할을 설명할 수 있다.

유저 리서처는 시장 조사를 하지 않는다

시장 조사란 소비자들이 무엇을 구매할지 예측하기 위해 포커스 그룹 대상 설문 같은 방법론을 활용해 소비자 행동 기반 트렌드를 찾아내는 리서치 분야 중 하나다. 이러한 방식의 리서치는 여러 가지 게임 개발과 관련된 아이디어를 평가하거나 기존 게임에 대한 생각을 밝히는 데 활용될 수 있으며, 개발 초기 단계 때 특히 강력한 힘을 발휘한다. 게임 스튜디오나 배급사는 제작될 게임 유형에 대해 정보를 제공하거나 게임 개발이 완료된 후 게임을 홍보하기 위해 시장 조사를 의뢰하곤 한다.

이러한 유형의 리서치는 종종 논란이 되며, 게임의 예술적인 비전을 훼손한다고 여기기도 한다. 어떤 사람들은 대중의 기호에 맞추기 위해 개발자의 창의적인 비전을 바꾸는 리서치라고 생각하기도 한다. 또한 예술을 위해 게임을 개발하는 것과 비교해 도덕적으로 불순한 것으로 보이기도 한다. 그에 반해 유저 리서처는 시장 조사에 비판적인 입장을 갖기보다는 오히려 리서치를 통해 개발팀의 아이디어가 디자인, 의도한 대로 유저가 이해하고 경험할 수 있도록 도울 수 있다는 입장을 취한다.

시장 조사는 유저 리서처의 업무가 아니다. 업무에 쓰이는 용어가 많이 비슷하지만 유저 리서처는 유저의 행동을 관찰하는 좀 더 심층 리서치를 진행하며, 시장 조사와 관련된 리서치를 진행하도록 요청받는다면 신중히 행동해야 한다.

종종 유저 의견 탐색처럼 유저 리서치와 시장 조사의 목적이 비슷한 경우가 있는데, 이때는 두 방법론의 차이가 희미해지기도 한다. 여러 자료가 유저 리서치와 시장 조사가 다르다고 설명하고 있지만, 그 근거가 명확하지 않다. 대개는 정량적 리서치(숫자 데이터를 다루는 리서치)와 정성적 리서치(글이나 구두 데이터를 다루는 리서치)의 관점에서 두 리서치의 차이를 설명하지만, 실제로 두 방법론 모두 목적에 따라 정량적 리서치와 정성적 리서치를 병행한다.

아마도 각각의 리서치가 유저를 묘사하고 구분하는 지점에서 두 리서치 간 명확한 차이가 있을 것이다. 시장 조사 리서처는 전형적으로 인구통계 정보나 소비 습관 등으로 유저를 구분하지만, 유저 리서처는 행동 패턴을 기반으로 유저를 구분한다. 리서치를 활용하는 부분에서도 차이점이 있는데, 유저 리서처는 현재 게임의 문제가 무엇인지 파악하는 것을 중요하게 여기지만, 시장 조사 연구자는 무엇이 잘 되고 있는지에 초점을 맞춘다.

시장 조사팀과의 혼선을 방지하기 위해 유저 리서처는 자신이 진행하는 리서치의 종류 및 결과의 가치를 명확하게 이해해야 한다. 유저 리서처는 "플레이어가 게임을 통과할 수 있을까?", "플레이어가 디자인한 의도대로 게임을 경험하고 있는가?" 같이 행동 기반의 리서치 주제를 연구하는 데 전문성을 갖고 있다. 후속 리서치를 진행하기 전에 리서치를 처음 진행하는 개발팀과 이 같은 리서치 분야에 대해 이야기를 나눈다면 유저 리서치의 가치를 명확히 하는 데 도움이 된다.

유저 리서처는 디자인하지 않는다

유저 리서치를 실행하는 목적은 게임 디자이너들이 더 나은 의사결정을 하도록 돕고, 그들의 결과물이 의도한 효과를 내고 있는지 평가하는 것이다. 유저 리서처의 역할은 그러한 의사결정을 스스로 내리는 것이 아니다.

따라서 유저 리서처는 리서치를 진행하기 전에 디자이너의 의도를 이해해야 하고, 디자인 의도를 리서처 스스로 단정지어선 안 된다. 대신 유저 리서처는 **디자인 의도**와 실제로 일어나는 경험 사이의 차이를 확인하는 리서치를 진행한다.

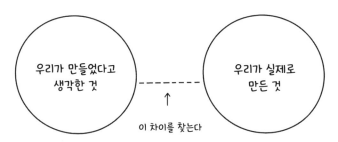

개발팀이 스스로 만들었다고 생각한 것과 유저가 실제로 경험하는 것 사이에는 차이가 있다. 리서치는 이것을 밝혀내야 한다.

예를 들어 이전에 예로 들었듯이 디자이너가 적을 물리치기 위해 특별한 스킬을 게임에 추가하길 원한다면, 리서처는 플레이어가 해당 스킬을 게임 내에서 사용할 수 있는지, 사용법을 이해하고 있는지 등을 알아보기 위한 리서치를 진행해야 한다. 하지만 해당 스킬이 게임에 적용되는 것이 맞는지, 만약 플레이어가 해당 스킬을 사용하지 못한다면 어떻게 해야 하는지 등과 같은 주제를 다뤄선 안 된다.

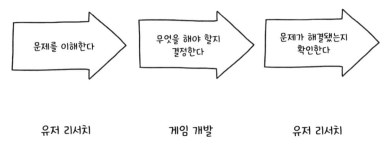

유저 리서치는 문제를 해결하는 방법이 아니라 문제를 발견하는 데 집중한다.

이러한 식으로 접근하는 것은 때때로 어렵고, 특히 리서치를 통해 문제의 원인을 찾았을 때 유저 리서처로서 아이디어를 내고픈 마음이 들 수도 있다. '유저들은 튜토리얼이 없어서 새로운 스킬을 사용하는 법을 배우지 못했다'라고 문제를 기술하는 것은 은연 중에 해결 방안을 제안하는 것처럼 보인다. 이렇듯 문제를 보고할 때 '튜토리얼이 있어야 한다'는 식으로 간접적으로 해결방안을 제안하지 않도록 주의해야 한다.

게임 디자인 요소를 제안하는 경우, 현재 문제를 이해하는 것과 해결책을 제시하는 것 사이를 명확히 분리하기 어렵다. 개발팀들은 유저 리서처에게 "문제를 어떻게 해결해야 한다고 생각하세요?"라며 디자인 아이디어를 묻기도 한다.

이러한 상황에서 섣불리 대답하면 위험하다. 리서처는 조사 도중 발견한 문제에 대해선 전문성을 갖고 있지만, 디자이너나 개발자가 갖고 있는 전문 영역에서의 지식은 부족할 수 있다. 이를 테면 리서치에서 나타난 문제를 해결하기 위해 어떤 방법이 실행 가능한지, 개발 기간 내에 어떤 방법이 적용이 가능한지, 게임 엔진에서 어떤 방법이 기술적으로 구현 가능한지, 이전에 어떤 방법을 시도했는지에 대해서는 리서처보다 개발팀이 훨씬 더 잘 알고 있다. 개발팀에게 디자인 제안 사항을 그냥 전달하기보다는 개발팀과 함께 해결 방안을 생각해보는 방식을 추천한다. 이는 추후 '결과 보고하기' 절에서 다룬다.

유저 리서처가 디자인 제안 사항을 제시하는 것이 위험한 이유는 리서치로 도출된 다른 인사이트가 희석돼 전달될 수 있기 때문이다. 리서치 결과를 전달받는 관계자들은 리서치를 통해 도출된 결과, 이를 테면 일부 유저가 특별한 스킬을 사용하는 방법을 배우지 못했다는 것이 사실임을 믿게 만들어야 한다. 하지만 문제를 해결하기 위해 무엇을 해야 하는지에 대한 내용(예: 특별한 스킬이 사용 가능할 때마다 플래시 보여주기)은 리서처의 주관적인 의견이 들어가게 된다. 이처럼 사실 기반의 현상을 기술하는 내용과 리서처의 주관이 들어간 제안 사항을 동시에 보고하게 될 때 개발팀은 사실과 의견을 혼동하게 되고, 리서치에서 발견된 내용은 희석되고 리서치의 영향력 또한 감소하게 된다.

따라서 디자인 방향에 주관적인 의견을 내는 것을 지양하고, 증거를 기반으로 소통해 리서치 결과를 신뢰할 수 있도록 중립을 지키는 것이 유저 리서처의 덕목이다.

유저 리서처는 게임을 쉽게 만들려고 하지 않는다

게임을 쉽게 만든다고 꼭 게임이 재밌어지는 것은 아니다. 다른 종류의 서비스는 작업을 효율적으로 만들어 유저의 혼란을 최소화하는 것이 중요하다. 앱으로 택시를 잡을 때 아무도 30분이나 소비하고 싶지 않을 것이다. 반면에 게임에선 효율성이 목표가 되지 않는다. 예를 들어 〈마리오Mario〉 게임을 다음 그림처럼 버튼 하나로 대체해서는 안 된다.

아주 쉬운 게임의 예시

　대신에 게임 유저 리서치의 목표는 유저의 경험이 디자이너가 의도한 대로 진행되는지 확인하는 것이다. 게임에서 유저가 경험하는 어려움은 두 가지 유형이 있다.

　첫 번째로, '디자인 난이도'는 의도적으로 유저가 경험하도록 만들어진 어려움을 말한다. 라프 코스터Raph Koster가 지은 『라프 코스터의 재미이론』(길벗, 2017)은 게임에서 도전을 마주하고 이를 극복하는 것이 게임의 핵심이라고 말한다. 게임을 재미있게 만들려면 디자이너는 의도적으로 게임 내 난이도를 디자인해야 한다.

　'디자인하지 않은 어려움'은 디자이너가 의도하지 않았던 어려움을 말하는데, 어렵다고 느끼도록 의도하지 않은 구간에서 유저가 어려움을 느끼거나 분명히 쉽게 넘어가야 할 곳에서 막히는 상황 등을 말한다. 대개 사용성 문제로 인해 발생하는데, 예를 들어 게임이 유저에게 어디를 가야 할지, 무엇을 해야 할지 명확히 말해주지 않는 경우를 말한다. 만약 이러한 경우가 디자이너가 의도한 상황이 아니라면 이러한 어려움은 유저가 게임하는 데 도움이 되지 않으며, 의도한 경험을 느낄 수 없게 만든다.

　유저 리서처는 설계하지 않은 난이도를 줄여 유저가 의도한 난이도만 경험하게 해야 한다. 이를 통해 유저의 경험을 개선시킬 수 있다.

유저 리서치로 디자이너는 실제 유저들이 게임의 각 부분을 얼마나 어렵게 생각하는지 정확하게 예측할 수 있고, 이를 바탕으로 게임 내 난이도 극복 이후의 흥분되는 순간과 다른 차분한 순간을 결합해 유저가 훌륭한 게임 경험을 느낄 수 있도록 게임을 개발할 수 있다.

유저 리서처는 예술성을 반대하지 않는다

게임은 예술 매체다. 누군가는 유저 리서치를 통해 얻은 인사이트를 게임 개발에 적용하면 게임의 예술성이 훼손된다고 걱정하기도 한다.

이러한 오해는 유저 리서치로 어떤 종류의 정보를 발굴하고 해석할 수 있는지를 잘 알지 못하기 때문에 발생한다. 유저 리서치로 얻을 수 있는 가장 믿음직한 정보는 실제 행동 데이터로, 유저가 개발자의 디자인 의도대로 플레이할 수 있는지, 만약 못한다면 무엇 때문인지 등이 해당된다. 대신 사람들은 포커스 그룹 리서치나 시장 조사가 "어린이들은 스케이트 보드 타기를 좋아하니 게임 주인공이 스케이트 보드를 타게 합시다." 같은 결과를 낸다고 생각한다. 그러나 유저 리서처는 이러한 종류의 리서치를 하지 않는다.

리서치의 목표는 게임 디자이너의 예술적인 관점이 유저에게 제대로 전달되는지 확인하는 것이지, 디자이너의 예술적인 시각을 바꾸려는 것이 아니다. 유저 리서처가 진행하는 리서치는 게임의 예술을 방해하는 것이 아니라 도울 것이다.

유저 리서처는 성공을 보장해주지 않는다

재밌고 플레이하기 편한 게임을 만드는 것이 꼭 게임의 성공을 보장하지는 않는다. 게임의 성공을 위해선 마케팅 역시 중요하다. 〈데스티니Destiny〉, 〈헤비 레인Heavy Rain〉, 〈콜 오브 듀티Call of Duty〉 같은 대작들은 게임 개발 비용보다 마케팅 비용을 더 많이 썼으며, 광고 성과가 매출 달성의 핵심 역할을 했다. 모바일 게임에선 이러한 현상이 더 극명하게 드러나는데, 광고 비용이 개발 비용을 훨씬 능가한다.

유저 리서치를 통해 실패의 위험을 줄일 수 있다. 게임이 실패하는 이유 중 하나는 유저가 해당 게임을 즐기지 못했거나 이해하지 못했기 때문이다. 유감스럽게도 유저 리서치는 그러한 문제를 해결하고 게임을 개선시키는 역할을 할 뿐, 성공을 보장하지는 못한다.

다른 사람들과의 협업

이 책의 첫 번째 절에서 게임 개발과 관련된 직군을 소개했다. 유저 리서처로서 연구를 진행할 때 자주 협업하게 되는 직군들이 있는데, 리서치 결과가 의사결정에 바로 영향을 주는 프로듀서나 개발자 등이 여기에 해당된다.

다른 직군의 동료들과 관계를 맺는 것은 효과적인 리서치를 수행하는 데 있어 필수적이다. 관계를 잘 맺음으로써 리서치와 게임 개발팀이 어떻게 연관되는지, 리서치 결과를 그들이 이해할 수 있도록 어떻게 전달해야 되는지 등을 이해하는 데 도움을 받을 수 있다.

개발팀과의 협업 방식

게임 스튜디오 내에서 리서치가 어떻게 진행돼야 하는지에 대해선 완벽한 답이 없다. 리서치를 올바르게 진행하려면 스튜디오의 현재 프로젝트, 리서치팀과의 협업 경험 여부(언제나 긍정적이지만은 않다)와 게임 단계별 활용 가능한 유저 리서치에 대한 개발팀의 이해도를 고려해야 한다. 유저 리서치팀은 스튜디오 내에서 크게 두 가지 형태로 존재하는데, 중앙집중식 모델centralised과 개발팀에 소속된 모델embedded이 있다.

중앙집중식 모델이란 여러 개발팀과 협업해 리서치를 진행하는 단일의 유저 리서치팀이 있는 경우를 말한다. 이러한 형태에선 보통 모든 리서처가 같은 공간에서 일하며, 개발팀과 분리된 독립적인 리서치팀으로 존재한다. 게임 배급사 내 리서치팀이 이러한 형태를 띠는 경우가 많으며, 이들은 한 번에 하나 이상의 게임을 담당하기도 하며, 각 리서치를 개발팀으로부터 위탁을 받아 진행한다.

중앙집중식 모델에는 여러 장점이 있다. 회사 내 모든 리서처가 하나의 팀으로 존재하기 때문에 리서치 공동체를 만들어 리서치와 관련된 지식, 과정, 도구에 대한 이야기를 쉽게 나눌 수 있고, 게임 개발에 리서치가 더욱 도움이 될 수 있도록 동료 리서처의 도움을 받을 수도 있다. 다양한 개발팀과 함께 리서치를 진행하면서 프로젝트 기간 동안 고용 안정성 또한 높일 수 있다.

그러나 이 모델에서는 게임 개발팀과 유저 리서처 간의 거리감이 있기 때문에 개발 도중 의사결정을 내리는 여러 시점에 리서처가 개입될 여지가 적다. 다시 말하자면 게임 내 요소의 우선순위가 무엇인지, 어느 부분에 개발 비용을 더 집중할 건지 등에 대한 논의 자리에 유저 리서처가 개입하기 어렵고, 유저 리서치가 도움이 될 기회를 놓칠 수 있다. 이러한 단점을 극복하기 위해서는 현재의 우선순위를 감독하는 개발자들과 강력한 관계를 구축하는 것이 필수적이다.

이에 대한 대안으로 하나의 게임을 개발하는 게임 스튜디오는 주로 게임 개발팀 내부에 리서처가 속해있는 형태를 취한다. 이러한 형태에서 유저 리서처는 다른 유저 리서처와 한 팀으로 일하기보다는 개발팀과 같은 팀으로 움직인다. 중앙집중식 모델과는 반대로 의사결정 과정에 유저 리서처가 자주 참여할 수 있다. 동료 개발자가 무슨 일을 하는지 밀접하게 관찰하면서, 개발팀이 미처 의뢰할 생각을 하지 못했던 리서치 주제를 발굴하거나 적절한 때에 이전 리서치 결과를 개발팀에게 상기시키는 등 실제 개발 과정과 밀접한 리서치를 수행할 기회가 많아진다. 이를 통해 리서치 결과의 영향력을 매우 높일 수 있다.

그러나 이처럼 개발팀에 소속된 형태에서 유저 리서처는 주로 혼자 리서치를 진행하게 되며, 다른 리서처 동료들과의 접점이 줄어든다. 새로운 것을 배울 기회가 줄어들면서 정체되거나 리서치 결과를 검토할 기회가 적어 리서치의 완성도가 떨어지게 되는 상황이 발생할 수 있다. 개발팀에 소속된 형태로 일한다면 유저 리서처는 스스로의 리서치 역량을 발전시키기 위해 더 적극적으로 멘토나 외부 리서치 조직의 도움을 찾아 나서려고 노력해야 한다.

두 모델 모두 정답은 아니다. 많은 게임 스튜디오는 유저 리서처가 중앙집중식 리서치팀으로 일하면서 핵심 개발팀 미팅에 참여하는 등 두 형태를 섞어서 활용하고 있다. 유저 리서처의 최종 목표는 더 좋은 게임을 만들기 위해 개발팀의 요구 사항에 귀를 기울이는 것이다. 목표가 흐트러지는 것을 피하고 게임 개발에 가장 필요한 작업에 집중하기 위해선 유연하게 일하는 자세가 필요하다.

개발팀과의 관계 구축

유저 리서처가 성공하기 위해 가져야 할 중요한 역량은 단순히 좋은 리서치를 진행하는 것을 넘어 개발팀과 잘 의사소통하고 좋은 관계를 맺는 것이다. 유저 리서처는 혼자의 힘으로 게임 개발과 관련된 의사결정을 할 수 없고, 개발팀의 의사결정을 지원할 뿐이다. 따라서 리서치 결과가 의미 있기 위해서는 개발팀과 잘 협력해야 큰 영향을 미칠 수 있다.

게임 개발 의사결정 과정에 참여하는 사람들은 해당 게임의 개발자들만 있는 것은 아니다. 누가 개발 과정에서 의사결정을 하는지 주의 깊게 살펴보는 데 시간을 할애하면 관련 팀에 유저 리서치가 그들의 팀을 지원하는 방법과 언제 리서치가 필요한지를 쉽게 이해시킬 수 있다. 또한 이러한 과정에서 유저 리서처는 자신들의 리서치 영향을 정확하게 측정할 수 있고, 적절하게 리서치 과제의 우선순위를 정할 수 있다.

이러한 과정은 높은 완성도의 리서치를 진행하는 것만큼 가치가 있다. 유저 리서처가 아무리 훌륭한 리서치를 진행해도 아무도 그 결과를 보지 않는다면 리서치를 진행할 이유가 없다. 다른 팀과 신뢰를 쌓는 것은 오랜 시간이 걸리는 일이다. 리서치에 대한 신뢰와 자신감을 키우기 위해 유저 리서처가 무엇을 해야 할지에 대해서는 이 책의 뒷부분에서 다룬다.

유저 리서처로서 자신들이 전문가라는 인상을 주기 위해 복잡한 학술 용어를 쓰고 싶은 유혹이 들 때가 있다. 하지만 과도하게 전문 용어를 남발하면 다른 동료는 소외감이 들고, 친밀감을 느끼지 못하게 된다. 또한 리서치 결과를 잘못 해석하게 만들 수도 있다. 리서치 결과를 일상적인 표현을 사용해 간단하지만 명확하게 구조화된 문장으로 적는다면 다른 팀이 결과를 쉽게 이해하고, 실제 리서치 결과를 자신의 작업에 적용하는 것을 더 쉽게 만들 수 있다.

물론 사람들은 유저 리서치에 대해 저마다의 선입견을 갖고 있다. 누군가는 게임 개발에서 리서치의 가치를 인정하고, 열린 마음으로 리서치를 의뢰할 준비가 돼 있을 수 있다. 그러나 또 다른 누군가는 리서치를 자신들의 업무 성과에 대한 평가로 바라보고, 단순히 사람들에게 게임이 만족스러웠는지 물어보기만 하는 가치 없는 과정이라고 생각할 수도 있다. 모든 게임 개발팀과 소통하기 위해선 어느 누구도 나쁜 사람이 되고 싶어하지 않는다는 점을 명심해라. 개발팀의 우선순위, 동기부여, 이전 경험 등을 파악하고자 개발팀의 이야기를 듣는 데 많은 시간을 들인다면, 리서치의 이점을 확실히 하고 리서치 결과의 영향력을 높이는 데 많은 도움이 될 것이다.

게임 유저 리서치는 다른 유저 리서치와 무엇이 다른가?

유저 리서치는 게임 분야에만 존재하는 것은 아니며, 다른 여러 종류의 소프트웨어 개발 분야에서도 많이 쓰이고 있다. 많은 사람이 소프트웨어, 애플리케이션, 웹사이트 등 다른 산업에서 유저 리서처로 일하다가 게임업계로 넘어온다. 다른 산업으로부터의 새로운 관점은 리서치 인사이트와 방법론을 다양하게 만들며, 유저 리서치 분야가 발전하는 데 도움이 된다.

필자는 게임업계에서의 유저 리서치와 다른 업계에서의 유저 리서치가 크게 다르지 않다고 생각하지만, 각각 정확히 무엇인지 생각해볼 필요가 있다. 게임업계로 전환하려는 사람에게 가장 큰 과제는 업계 전문가나 리서치 참여자와 밀도 있는 의사소통을 하고 리서치 결과를 분야에 맞게 잘 설명할 수 있도록 현재 게임산업에 대해 충분히 이해하는 것이라고 생각한다.

리서치 목표

대부분의 소프트웨어는 효율성이 중요하며, 이는 유저가 얼마나 만족한 경험을 했는지와 관련된다. 앱을 이용해 5초만에 택시 예약이 가능하다면 굳이 택시를 잡느라 30분을 보내고 싶진 않을 것이다. 그러나 효율성은 게임에서 그다지 중요하진 않다. 예를 들어 사람들은 게임에서 드래곤을 5초만에 잡는 것보다 30분 동안 노력해서 잡는 걸 더 선호할 것이다.

특정 경험을 하기 위해 걸리는 시간 외에도 난이도 역시 게임업계에서는 다르게 다뤄진다. 사람들은 택시를 예약할 때 퍼즐을 풀거나 최고의 전략을 짜내고 싶어지진 않지만, 이 같은 어려운 도전이 없는 게임은 재미가 없다고 느낄 것이다.

다시 말하자면 '태스크를 빠르게 완수할 수 있는가', '문제 없이 해당 과정을 끝낼 수 있는가' 같은 소프트웨어 분야에서의 일반적인 사용 편의성 목표가 게임과는 맞지 않는다.

결과적으로 게임 유저 리서치의 목표는 다른 소프트웨어 산업과 미묘한 차이가 있다. 게임 유저 리서치는 유저가 직면하는 어려운 도전이 개발자가 의도한 것인지, 아니면 의도하지 않았던 어려움인지를 탐색해야 한다. 그런 다음 뜻하지 않게 발견된 문제가 개발자의 의도인지 아니면 고쳐야 할 문제인지를 파악하는 등 의도하지 않았던 어려움을 더 깊이 살펴볼 필요가 있다. 이 같은 게임 유저 리서치의 특징 때문에 '재미'는 개발팀이 주로 궁금해하며, 이는 '완료하는 데 어느 정도의 시간이 걸리는지'를 측정하는 것보다 훨씬 가치 있는 연구 주제가 된다. 재미를 측정하는 것은 쉬운 일은 아닌데 이는 추후에 다루겠다.

리서치 방법론

유저 리서치에서 가장 흔히 활용되는 방법론은 게임 유저 리서치 분야에서 다르게 활용된다. 이러한 현상에는 몇 가지 이유가 있다. 게임 유저 리서치의 목표가 다른 분야의 유저 리서치와 다르기 때문에 활용되는 방법론 또한 이에 맞춰 달라질 수밖에 없다. 대부분의 게임이 출시 직후 전체 매출의 대부분을 달성하기 때문에 A/B 테스트처럼 런칭 이후 사용되는 방법론은 효과성이 떨어진다. 또 다른 이유로는 게임 테스트 빌드에 대한 보안이 중요하기 때문에 테스트 감독관 없이 비대면으로 리서치를 진행하기 어려운 경우도 있다. 멀티플레이 경험

역시 게임의 중요한 요소이며, 이를 위해 여러 명의 테스터가 동시에 같은 소프트웨어를 사용해야 하기 때문에 이 역시도 방법론을 선택할 때 이유가 된다.

이러한 이유를 함께 고려해 어떤 방법론을 쓸지, 그리고 해당 방법론을 게임 플레이 환경에서 어떻게 활용할지를 고민해야 한다. 테스터가 자신의 집에서 원격 제어나 스트리밍을 통해 참여하는 원격 테스트가 불가능한 것은 아니지만, 빌드 유출을 막기가 어려워 자주 사용되는 방법은 아니다. 게임 유저 리서치는 정성적 방법론과 정량적 방법론을 섞어서 주로 진행한다. 대규모의 리서치 연구소에서 많은 사람이 동시에 게임하는 방식은 실제 환경과 유사한 테스트 상황을 만들거나 난이도를 측정하는 것 같은 정량적 리서치 주제를 확인하기 위해 종종 사용된다. 방법론에 대해서는 추후 좀 더 자세히 다룬다.

리서치 성숙도

1970년대 아타리^Atari사는 관찰, 설문, 포커스 그룹 리서치 등의 방법론을 활용해 개발 중인 게임의 성공 여부를 측정하기 위해서 캐롤 칸토^Carol Kantor를 고용했다.[1] 이렇게 유저 리서치가 게임업계에서 일찍 도입됐음에도 유저 중심 디자인^user-centred design 프로세스가 게임 개발 과정에 정착하는 데는 다른 업계보다 오랜 시간이 걸렸다.

다시 말하자면 아직까지도 많은 게임 스튜디오에서 유저 리서치의 잠재력을 이해하는 데는 한계가 있다. 대개 유저 리서치는 단순히 사용성 테스트로 인식되는 경우가 많아 게임 개발 과정에서 유저 리서치를 활용할 기회를 놓치곤 한다. 이러한 문제는 게임사 내 유저 리서치 팀뿐만 아니라 게임 스튜디오 자체에도 영향을 준다. 이러한 문제는 현재 플레이 테스트를 비공개 피드백 테스트로만 활용하는 스튜디

---

1   K. Norman, J. Kirakowski, 『The Wiley Handbook of Human Computer Interaction Set』, Wiley-Blackwell, 2017

오에서 더욱 심하게 나타나는데, 잘 설계되고 믿을 만한 리서치와 비공개 피드백 테스트의 차이를 거의 이해하지 못하기 때문이다.

많은 스튜디오가 개발 초기나 출시 이후에서 유저 리서치와의 접점을 거의 알지 못한다. 각 개발 단계와 관련된 유저 리서치의 역할과 필요성을 설명하기 위해선 다른 이해관계자들과 적극적으로 협업해야 하며, 새롭게 유저 리서치를 활용할 수 있는 기회를 만들고 유저 리서치에 대한 교육을 진행해야 한다.

유저 리서치에 대해 충분히 이해하지 못하면, 유저 리서치를 하기 위해서는 게임이 완성도 있게 개발된 상태여야 한다고 생각할 수 있다. 이러한 잘못된 이해는 개발팀이 리서치팀에 대한 신뢰가 부족해 아직 구현되지 않은 부분에 대해서는 리서치하지 못할 것이라고 생각하거나 상위권자에 완성도를 평가받기가 두려워서 발생하곤 한다. 하나의 게임 요소가 완전히 개발되기까지 정책적인 노력과 개발 비용이 들고, 완성한 후에는 개선하려는 시도가 적어지기 때문에 게임이 완전히 개발될 때까지 기다리는 것은 위험하다. 유저 리서처로서 필자는 리서치를 진행하면서 항상 크고 작은 문제를 발견해왔으며, 게임이 테스트할 준비가 됐는지 여부와 상관없이 항상 리서치를 통해 배울 점이 있다고 믿는다.

추후 이 책에서 개발 이후가 아니라 개발 과정 동안에 유저 리서치가 개발에 도움이 된다는 인식을 높이기 위해 유저 리서처가 활용할 수 있는 여러 기법을 다룰 예정이다.

리서치 계획 및 수행

게임 유저 리서처가 하는 주 업무는 게임 디자인에서의 질문에 대한 답을 찾기 위한 리서치를 계획하고 수행하는 것이다. 이는 몇 가지 달성해야 할 단계를 포함한다.

일부 게임 스튜디오에서는 한 명의 리서처가 리서치의 시작부터 끝까지 필요한 단계를 모두 수행하곤 한다. 또 다른 곳에서는 리서처가 리서치 프로세스의 한 부분에 집중하는 전문화된 역할을 수행하기도 한다. 예를 들어 유비소프트Ubisoft는 리서치 계획과 수행이 각기 다른 사람을 통해 이뤄진다. 하지만 대부분의 상황에서는 한 명의 리서처가 리서치의 모든 부분을 이끄는 것으로 생각된다.

이 절에서 우리는 리서치를 수행하는 데 필요한 모든 태스크를 살펴볼 것이다.

- 리서치 목표 정의하기Defining research objectives
- 게임 유저 리서치 설계하기Designing a games user research study
- 리서치를 위한 방법론 결정하기The methods used for research
- 리서치를 위한 제반 업무 계획 및 참여자 모집하기Planning the admin required for a study, and recruiting participants
- 게임 유저 리서치 수행하기Running a games user research study
- 리서치 결과 데이터 분석하기Analyzing data from research studies
- 리서치 결과 보고하기Debriefing studies

각 단계를 살펴보면서 우리는 대부분의 게임 유저 리서치에서 이뤄지는 전형적인 리서치 수행 방법을 처음과 끝까지 모두 확인할 것이다.

리서치 목표 정의하기

모든 연구는 리서치를 통해 무엇을 배울지를 정의하는 것에서부터 시작한다. 그것은 리서치팀 외 다른 조직이 진행하는 일, 즉 그들이 어떤 결정을 내리는지, 의사결정을 더 쉽게 하기 위해 연구에 필요한 정보가 무엇인지를 기반으로 한다.

리서처가 흔히 저지르는 실수는 처음부터 방법론을 중심으로 시작하려는 것이다(예: 우리는 사용성 테스트를 실행할 예정이다). 그러고는 리서치의 목표를 해당 방법론에 맞춰 버린다. 이런 실수는 특히 리서처 본인에게 편한 방법론이 있을 때 주로 발생한다. 하지만 이런 방식은 리서치 목표의 종류를 미리 제한해 버릴 수 있다. 예를 들어 사용성 테스트를 하기로 먼저 결정한 경우, 사실 난이도 밸런싱에 대한 깊이 있는 응답이 필요했던 게임팀에게는 좋은 데이터를 제공하지 못할 것이다. 이는 게임팀이 정말로 원했던 질문에 대한 대답을 듣는 데 큰 효과를 주지 못하는 리서치가 될 수 있다. 방법을 정하기 전에 항상 리서치 목표를 정의하는 것으로 시작해야 한다.

잠재적인 리서치 목표는 다음과 같은 내용을 포함한다.

- 플레이어들이 2레벨에서 어디로 가는지 아는가?
- 플레이어들이 빠른 여행 기능 사용법을 이해하는가?
- 플레이어들이 적절한 시간 안에 퍼즐을 완료하는가?
- 튜토리얼이 플레이어에게 제트팩의 정확한 사용법을 가르치는가?

- 난이도가 적절한가?
- 플레이어들이 게임을 실제로 즐기고 있는가?

리서치 목표를 떠올리는 것은 반드시 현재 개발을 담당하는 게임 팀과 협력해 진행해야 한다. 만약 리서처가 게임팀의 의견 없이 홀로 목표를 제시한다면 리서치를 완료했을 때 게임팀이 리서치 결과를 받아들일 준비가 돼 있지 않을 위험성이 크다.

이에 리서치 목표 결정은 잠재 목적과 리서치 방법을 함께 논의하고 협의할 수 있는 **킥오프 미팅**Kick-off Meeting을 통해 진행하는 것이 일반적이다. 킥오프 미팅 전에 리서처는 게임 디자이너 혹은 개발자와의 논의를 통해 리서치의 잠재적 목표를 탐색해 둔다. 또한 게임의 현재 개선 우선순위에 대한 이해를 바탕으로 리서처가 몇 가지 목표를 제안할 수 있다. 제안한 목표는 킥오프 미팅에서 여러 분야(레벨 디자이너, 아트 디자이너, 프로듀서 등)를 대표하는 리더들과 리서치 방향성과 우선순위를 논의할 때 큰 도움이 될 것이다.

모든 리더와 미팅 스케줄을 조정하는 게 어려울 때는 게임의 상태를 전반적으로 알려줄 수 있는 선임 프로듀서와 함께 진행하고, 다른 주요 리더와는 추후 1:1 캐치업 미팅을 진행하도록 한다.

리서치 목표에 대한 협의 외에도 킥오프 미팅에서 다뤄야 할 어젠다는 다음과 같다.

- **플레이어**: 이 게임이 어떤 플레이어를 타깃으로 하는지, 또한 참여자들이 어떤 특성을 꼭 가져야 하는지 논의한다.
- **방법론**: 리서치 목표에 알맞은 방법론을 리서처가 제안하고 논의한다. 방법론은 추후 리서치 설계 과정에서 바뀔 수 있다고 알려준다.
- **리서치 일정**: 테스트 빌드를 준비하고, 리서치 후 결과를 게임에

반영할 수 있는 적절한 일정과 마감일을 논의한다.

- **게임팀 내 참여자**: 리서치를 참관하고 결과를 보고 받을 대상을 명확히 한다.
- **빌드**: 테스트에 사용될 빌드가 준비됐는지, 언제 준비될지 확인한다. 리서치 전 빌드를 충분히 살펴볼 수 있는 시간을 확보해 빌드를 전달받아야 혹시나 모를 문제에 대비할 수 있다.

킥오프 미팅을 진행하면 게임팀 내 관련 부서에서 리서치 진행을 알게 되고, 또 그들의 관점과 의사결정 시 활용하는 우선순위를 이해할 수 있다. 이는 추후 리서치 결과 전달할 때 효과를 최대화하는 데 도움이 된다.

미팅이 끝나고 논의 결과는 반드시 문서화해 공유해야 한다. 미팅 목적이 무엇이었는지 일정과 팀 인원이 어떻게 되는지 등을 작성하라. 또 이번 리서치에서는 답을 찾기 어렵지만 찾아낸 리서치 목적도 함께 적어 두면 추후 리서치에서 활용할 수 있다. 이 문서는 리서처가 리서치를 계획하는 데 매우 유용한 자산이 될 것이다.

리서치 목표를 성공적으로 협의했다면 이제는 실제 진행할 리서치를 디자인하고 준비할 시간이다.

게임 유저 리서치 설계하기

리서치 목표를 수집한 후 리서치 설계 단계에서 답해야 할 질문은 다음과 같다.

- 적절한 방법론 또는 사용할 방법론 결정하기
- 플레이어에게 줄 태스크^{task}나 프롬프트^{prompt} 작성하기
- 리서치에서 생성된 데이터 수집방법 결정하기
- 리서치에서 생성된 데이터 분석방법 결정하기

그리고 이 내용은 **리서치 계획**$^{Study\ Plan}$ 혹은 **논의 가이드**$^{Discussion\ Guide}$ 형태로 작성해야 하고, 게임팀에 공유하거나 리서처가 세션을 진행하는 데 사용된다.

적절한 방법론 결정하기

리서처는 킥오프 미팅을 진행하며 리서치를 통해 다음과 같이 알아내야 할 목표 리스트를 얻었을 것이다.

- 플레이어가 제트팩 사용법을 배우는가?
- 플레이어가 보스를 이기는 데 적절한 전략을 알아내고 이길 수 있는가?
- 난이도가 적절한가?
- 점프하는 느낌은 어떤가?

- 멀티플레이용 맵의 밸런스는 적절한가?
- 플레이어가 무기의 보조 모드를 발견하는가?
- 플레이어가 다음 목표를 위해 어디로 가야 하는지 아는가?
- 플레이어들이 추격 장면을 좋아하는가?

그런 다음 이러한 질문에 답하기 위해 알맞은 방법론과 일치시킬 필요가 있다. 다음 장에서 방법론에 대해 더 깊이 살펴보겠지만, 방법론을 분류하는 한 방법을 소개하자면 다음과 같다.

- **행동적 방법론**^{Behavioral Method}: 플레이어가 무엇을 하는지, 의도된 태스크를 잘 이해하고 수행하는지 밝혀낸다.
- **경험적 방법론**^{Experiential Method}: 플레이어가 게임에 대해 어떻게 생각하는지를 탐구한다.

이 분류법을 설명하는 정확한 방법에 대해 리서치 커뮤니티 내에서 오랫동안 논쟁이 있었다. 따라서 사용하는 용어는 회사나 조직에 따라 일정하지 않을 수 있다. 이에 관련 동의어는 용어집에서 다루고 있다.

앞에 제시된 리서치 목표 중에서도 플레이어가 이해하는지 혹은 할 수 있는지에 대해 집중하는 다음과 같은 목표가 있다.

- 플레이어가 제트팩 사용법을 배우는가?
- 플레이어가 보스를 이기는 데 적절한 전략을 알아내고 이길 수 있는가?
- 플레이어가 무기의 보조 모드를 발견하는가?
- 플레이어가 다음 목표를 위해 어디로 가야 하는지 아는가?

이러한 목표는 플레이어의 행동을 관찰하거나, 그들이 이해했는지를 알아내기 위해 질문하는 형태의 방법을 통해 답을 찾을 수 있다. 이런 방법론은 플레이어가 왜 적절한 학습을 못하고, 개발자가 설계한 스킬을 제대로 사용하지 못하는지를 밝히는 데 좋다.

또 다음과 같은 일부 목표는 플레이어의 경험과 디자인 의도와의 차이를 비교하는 데 집중돼 있다.

- 난이도가 적절한가?
- 멀티플레이용 맵의 밸런스는 적절한가?

이러한 목표는 게임 플레이를 기록하는 형태로 리서치가 수행된다. 예를 들어 플레이어가 게임하며 몇 번 죽었는지, 어디서 죽었는지, 멀티플레이어 맵의 어느 부분에서 시작한 팀이 많이 이기는지 등을 살펴본다. 그후 개발자의 디자인 의도(이 스테이지에서는 몇 번 정도 죽는 걸로 의도했는지 등)와 비교를 진행한다.

또 다른 목표는 다음과 같이 플레이어가 게임을 어떻게 생각하는지에 기반하고 있다.

- 점프하는 느낌은 어떤가?
- 플레이어들이 추격 장면을 좋아하는가?

이 목표는 게임에 대한 플레이어의 생각을 밝히거나 그렇게 생각하는 이유를 이해하고, 얼마나 많은 사람이 그 생각에 동의하는지를 측정하는 형태로 답을 찾을 수 있다.

리서치를 설계할 때 리서처들은 각각의 리서치 목표를 차례로 살펴면서 적절한 방법론을 찾아야 한다. 이 작업은 리서치 목표의 유형을 분류한 다음 각 유형에 맞는 방법론을 찾는 형태로 진행한다. 실제 프로젝트에 들어갈 때는 약간의 융통성을 발휘하는 것이 필요할 수 있다. 현실은 이상적인 방법론을 사용하기에는 시간과 비용이 충분하지 않을 수 있기 때문이다. 그럴 때는 적절한 타이밍에 꽤 괜찮은 결과를 전달하는 편이 엄청 좋은 결과를 늦게 전달하는 것보다 낫다는 사실을 꼭 기억하라. 우리는 책의 후반부에서 리서치 프로세스의 속도를 높이는 방법도 살펴본다.

리서치 목표의 우선순위를 정하는 것이 현실적인 리서치 설계에 도움이 될 수 있다. 어떤 리서치에는 단일 연구에서 사용하기에는 적절하지 않은 방법론이 필요한 경우도 있다. 이럴 때는 동료들과 논의해 우선순위를 결정하고, 그것을 가장 잘 수행할 수 있는 방법론을 선택한다. 이는 혼합 방법 연구에서 제한된 리서처 시간을 할당하는 방법을 결정하는 데 도움이 된다.

태스크 작성하기

방법론 결정 후 다음 단계는 리서치 목표에 대한 답을 어떻게 알아낼지를 정의하는 것이다. 이에 각각의 리서치 목표에는 다음 내용이 필요하다.

- 플레이어에게 제공해 데이터를 생성할 태스크
- 해당 데이터 수집 방법

가끔 태스크를 무엇으로 해야 할지 분명히 보일 수도 있다. 예를 들어 리서치 목표가 '플레이어가 퍼즐을 풀 수 있는가?'라면 태스크는 '플레이어가 퍼즐을 풀도록 한다'가 될 것이다. 다른 일부 태스크는 플레이어에게 분명하게 제공할 필요조차 없을 수 있다. 긴 호흡의 플레이에서는 간단하게 '게임을 플레이하라'로 제공하고, 플레이어가 어떤 부분에서 흥미를 느끼는지를 다른 유도 없이 관찰한다. 이런 방식이 더 자연스러운 행동을 이끄는 데 유용하기에 더 좋을 수 있다.

다른 리서치 목적을 위해서는 플레이어에게 게임의 특정 단계를 완료하라고 요청하는 것 같이 명확한 태스크가 적절한 경우도 있다. 이때는 리서치를 수행하며 태스크를 부여할 때 조심해야 할 함정이 있다.

먼저 태스크의 표현을 정하는 데 주의해야 한다. 특정 단어는 행동에 영향을 미칠 수 있고, 아직 플레이하지 않은 부분에 대한 정보를 줄 수 있다. 예를 들어 '퍼즐을 완성하세요'가 태스크라면, 이 게임에 퍼즐이 있다는 사실을 플레이어에게 밝히는 셈이 된다. 만약 예상 문제가 퍼즐을 스스로 찾지 못하는 것이나 퍼즐인지 이해하지 못하는 것이었다면 해당 문제에 대한 정보는 수집할 수 없게 될 것이다. 그렇기에 태스크는 '게임의 이 섹션을 플레이해 보세요'처럼 특징이 없고 광범위한 용어를 사용해 조심스럽게 안내해야 한다.

태스크를 설계할 때 고려해야 하는 또 다른 측면은 게임의 다른 파트에서 얻었을 수 있는 지식을 재현하는 것이다. 예를 들어 플레이를 2레벨에서 시작했다면 1레벨에서 진행되는 튜토리얼을 놓쳤을 것이고, 플레이 지식이 없는 상태로 테스트를 진행하게 된다. 이것은 공정한 테스트가 아니며 유용한 결과를 만들어내지 못한다. 출시용 게임에서는 플레이어가 튜토리얼을 온전히 경험하게 될 것이므로 테스트에서도 해당 맥락을 고려해야 한다. 이에 태스크를 작성할 때는 게임의 해당 포인트에서는 알고 있어야 하는 정보를 직접 제공해 리서치 결과가 플레이어의 실제 경험을 잘 반영할 수 있게 한다. 만약 필요한 튜토리얼이 개발돼 있지 않은 상태라면 진행자moderator가 유인물을 만들어 참여자에게 게임의 조작법 및 기능 등을 가르쳐 인위적으로 재현할 수 있다. 조작법이나 기능을 배우는 것이 리서치의 목적이 아니라면 수동으로 도입하는 경우 다른 문제를 발견할 수도 있다.

각각의 리서치 목표에 하나 이상의 태스크를 작성한다. 개별 목표에 따른 리서치를 수행할 때 플레이어의 현재 상황에 맞춰 알맞은 태스크를 선택해 제공한다. 그렇게 해야 플레이어는 순서가 적절하다고 느낄 것이고, 전체 세션의 흐름이 논리적인 순서로 흘러가게 될 것이다. 그런 다음 리서치 계획을 설계하는 과정에서 다음 항목을 문서화할 수 있다.

리서치 목표	태스크
플레이어가 제트팩 사용법을 배우는가?	제트팩 튜토리얼 완료하기
플레이어가 무기의 보조 모드를 발견하는가?	레벨 1과 2 완료하기
플레이어가 다음 목적을 위해 어디로 가야 하는지 아는가?	레벨 1과 2 완료하기
플레이어가 보스를 이기는 데 적절한 전략을 알아내고 이길 수 있는가?	보스 만나기를 완료하기

각 리서치 목표는 적어도 하나의 관련된 태스크를 가진다. 또 하나의 태스크는 하나 이상의 리서치 목표의 답을 제공한다(그 반대도 마찬가지다).

수집할 데이터 결정하기

플레이어가 수행하는 각 태스크는 그들의 행동과 의견에 대한 데이터를 다음과 같이 만들어낸다.

- 플레이어가 게임에서 무엇을 하는지: 그들이 어디로 가는지, 어떤 아이템을 사용하는지, 어디서 성공하고 혹은 실패하는지 등
- 플레이어의 의견이 무엇이고 왜 그렇게 생각했는지

리서치 목표에 대한 답은 이 데이터를 수집하고 이해하면서 얻을 수 있다. 리서치를 계획할 때는 어떤 데이터를 얻을 수 있고, 어떻게 수집할지를 미리 예측해야 한다.

각 목표에 따라 측정을 어떻게 진행해야 할지 생각해 보자. 어떤 목표는 플레이어의 수행 정도나 행동에 초점을 맞추고 있으며, 이는

'플레이어가 세션을 완료했는가? 어디로 가야 하는지 아는가? 긴 시간 동안 헤맸는가?' 등 플레이어의 행동을 관찰함으로써 측정 가능하다. 이러한 관찰은 리서처가 직접 수행하거나 게임 내 로그 분석을 통해서 수행할 수 있다.

다른 리서치 목표는 '플레이어가 플레이를 즐겼는가? 게임을 너무 쉽게 혹은 어렵게 느꼈는가?' 등 플레이어의 생각에 집중하는 것일 수 있다. 이러한 데이터는 플레이어가 그들의 생각이나 의견을 표현하는 것을 수집함으로써 얻을 수 있다. 구두로 직접 질문을 하는 방법도 있고, 설문을 통해 점수를 매기거나 의견을 작성하는 방법 등도 주로 사용된다.

이렇게 리서치 데이터를 측정할 때 중요한 것은 개발자가 게임이 어떻게 경험되기를 원했는지 같은 디자인 의도를 먼저 이해하는 것이다. 디자인 의도에 따라 특정 레벨에서 3번 죽는 것이 쉬운 것이 될 수도 엄청나게 어려운 것이 될 수도 있다. 즉 개발자가 어떤 일이 벌어지기를 원했는지 모르고서는 어떤 것이 맞는지 알 수 없다. 그래서 개발자의 아이디어가 의도한 경험을 줬는지 알기 위해서는 플레이어가 어떻게 느꼈는지도 수집하는 게 중요하다. 리서처로서 관찰할 대상에 대해 어떤 것이 좋은 결과인지 나쁜 결과인지 측정 전에 정의해두자.

리서치 결과를 게임팀에 제대로 설명하기 위해선 무슨 일이 일어났는지, 왜 그것이 일어났는지 등 세부 정보를 수집하는 것이 중요하다. 이에 플레이어의 행동이나 의견의 이유를 알기 위해서 플레이어에게 직접 물어보는 것도 필요하다. 만약 플레이어가 맞는 길을 찾지 못했을 때 이유를 묻지 않으면 그들이 길을 못 봐서 그런 건지, 그곳으로 가야 한다는 점을 이해하지 못했는지, 맞는 길을 알고 있지만 다른 이유 때문에 안 간 건지 알 수 없을 것이다.

리서처가 수행할 데이터 수집 방법을 다음과 같이 리서치 계획에 반영할 수 있다.

리서치 목표	태스크	어떻게 평가할 것인가?
플레이어가 제트팩 사용법을 배우는가?	제트팩 튜토리얼을 완료하기	- 튜토리얼을 완료할 수 있는지 관찰하기 - 테스트 세션 종료 후 튜토리얼이 어떻게 작동했는지 시연해달라고 요청하기
플레이어가 무기의 보조 모드를 발견하는가?	레벨 1과 2 완료하기	- 보조 모드를 발견했는지, 사용했는지 관찰하기 - 테스트 세션 종료 후 보조 모드를 설명해달라고 요청하기
플레이어가 다음 목표를 위해 어디로 가야 하는지 아는가?	레벨 1과 2 완료하기	- 목표 사이에서 길을 잘 찾는지 관찰
플레이어가 보스를 이기는 데 적절한 전략을 알아내고 이길 수 있는가?	보스 만나기를 완료하기	- 보스를 클리어할 수 있는지 관찰하기 - 보스의 전략을 설명해달라고 요청하고 그게 맞는지 확인하기 - 실패한 횟수를 계산하고 예상치와 비교하기 - 보스의 난이도가 몇 점일지 물어보기

각 리서치 목표에 대한 데이터 수집 방법 및 평가 대상 결정

리서치 목표에 맞는 태스크에 따라 어떤 데이터를 얻을지, 어떻게 수집할지를 미리 계획해두자. 이는 추후 분석 단계를 준비하는 데 분명 도움이 될 것이다.

리서치 계획 작성하기

플레이어에게 제공할 태스크와 데이터 수집 방법을 결정하고 나면 이는 리서치 계획 혹은 논의 가이드를 작성하는 데 사용될 수 있다.

리서치 계획 문서는 다양한 이유로 참 유용하다. 먼저 이는 계획서를 작성함으로써 리서처에게 모든 목표를 적절한 태스크로 잘 다뤘으며 리서치에 빈틈이 없다는 확신을 준다.

두 번째로 테스트 세션의 가이드나 질문지로 활용될 수 있다. 마지막으로 세션이 실행되는 방식 사이의 일관성을 장려하기 위해 연구를 수행하는 노트 필기자나 다른 리서처들과 공유하기 좋다.

리서치 계획 문서는 MS 워드나 구글 독스$^{Google Docs}$ 같은 프로그램으로 작성 가능하다. 리서치 계획 문서에 포함되면 도움이 되는 요소는 다음과 같다.

- 리서치 목표 재정리
- 테스트 세션 진행 예정 시간
- 각 테스트 세션의 수행 순서
  - 사전 인터뷰
  - 태스크1: 튜토리얼
  - 태스크2: 초보 레벨
  - 태스크3: 자동차 추격 씬
  - 설문
  - 사후 인터뷰
- 참여자에게 설명하는 정보(리서치 개요와 참여 동의서에 대한 설명, 어떤 데이터를 수집할지 등), 이는 템플릿 형태로 존재하며 이책의 후반부에서 자세히 다룬다.
- 앞에서 설명한 형식을 사용해 수집할 데이터와 참여자에게 제공하는 태스크 및 프롬프트

- 사전 혹은 세션 사후 인터뷰 질문지

계획서 형식은 다음과 같다.

사전 인터뷰

- 최근에 플레이하고 있는 게임은 무엇입니까?
- 플레이하는 게임을 어떻게 생각하십니까?
    - 특별히 좋아하는 부분은 무엇인가요?
    - 좋아하지 않는 부분은 무엇인가요?
- 〈UX 인베이더스〉라는 게임에 대해 들어보신 적이 있나요?
    - 무엇에 대해 들어보셨나요?

첫 번째 태스크 – 튜토리얼

태스크: 당신은 이 게임을 방금 다운로드했고 처음으로 플레이하는 상황입니다. 이 게임의 튜토리얼 레벨을 플레이해 주세요. 그러고 나서 튜토리얼에 대해 이야기를 나누겠습니다.

무엇을 물어봐야 하는가?	무엇을 관찰해야 하는가?	무엇을 알 수 있는가?
당신이 여기서 해야 할 일은 무엇입니까? 무엇을 해야 한다는 것을 어떻게 알게 됐습니까?	플레이어가 제트팩 튜토리얼을 성공적으로 끝마쳤는가? 플레이어가 몇 번 실패했고, 실패한 이유는 무엇인가?	플레이어가 제트팩 사용법을 배우는가?

태스크 사후 질문:

- 해당 레벨은 무엇을 위한 것이었습니까?
- 이 게임에서 무엇을 하는지 배울 수 있었습니까? 배운 것은 무엇이었습니까?
- 제트팩은 어떻게 구동됩니까?
- 지금까지 게임에서 헷갈리거나 어려운 부분이 있었습니까?

이는 논의 가이드의 발췌본이다. 필자의 또 다른 저서인 『Building User Research Teams』(2020) 도서페이지에서 해당 내용을 포함한 무료 리서치 템플릿을 사용할 수 있다(https://www.stevebromley.com/book/user-research-templates/).

리서치 계획을 작성하면 리서처는 계획을 실행하기 위한 다양한 행정적인 문제를 만나게 될 것이다. 그것을 다루기 전에 게임 리서치 목표의 답을 찾기 위해 사용하는 잠재적인 방법론을 좀 더 깊이 살펴보자.

게임 유저 리서치 방법론

지난 절에서 설명한 바와 같이 리서처는 그들의 연구 목적에 믿을 만한 답을 줄 수 있는 적절한 방법론을 정할 필요가 있다. 많은 방법론이 게임 리서치에만 특정하게 사용되는 것은 아니지만, 게임 리서치에 적용할 때 유의미한 접근이 가능하다면 간략하게나마 설명할 것이다.

리서치를 설계하다 보면 최종 결과를 얻기 위해 여러 방법론을 결합해 사용하는 것이 보통이다. 예를 들어 플레이어의 생각을 이해하기 위해 인터뷰를 사용하고, 동시에 게임에서의 행동을 관찰하기도 하고, 설문을 받으면서도 관찰을 동시에 진행하기도 한다. 방법론을 연계하는 것은 리서치를 설계할 때 매우 일반적으로 사용된다.

게임 유저 리서처로 일하면서 명심해야 할 사항은 자세한 리서치 방법론에 특별히 관심 있는 것은 리서처들뿐이라는 점이다. 이에 리서치 방법론에 과도하게 집중하는 것은 새로운 팀에 게임 유저 리서치를 설명할 때 혼란을 일으킬 수 있다. 시간이 지남에 따라 개발팀을 리서치 방법론에 지속 노출시켜 리서치 문해력을 높이고, 그들이 언제 더 많은 리서치를 수행할 수 있는지 식별할 수 있게끔 할 수 있다. 그러나 새로운 팀과 함께 일한 지 얼마 되지 않았을 때는 어떻게 데이터를 얻었는지에 대한 세부 사항보다는 좋은 품질의 결과를 얻는 데 집중해야 한다.

플레이어의 행동을 이해하기 위한 방법론

어떤 리서치는 게임 내 플레이어의 행동을 이해하고, 개발자의 의도와 플레이어의 경험이 일치하는지를 살펴보는 데 집중한다. 이는 플레이어가 그들이 하기로 돼 있는 것에 대해 어디에서 이해를 못 하는지(이는 플레이어의 잘못이 아니라 게임의 의사소통 실패에 의한 것이다)를 알아낼 수 있는 사용성 테스트를 포함한다.

관찰

관찰Observation이란 플레이어가 게임하는 모습을 살펴보는 것과 동시에 개발자의 의도대로 하지 못하는 부분을 찾는 것을 말한다. 유저 리서치에서 가장 흔한 방식이면서, 유저가 왜 그렇게 행동했는지를 이해하기 위한 방법론과 함께 대부분 사용된다. 단순히 유저가 무엇을 했는지가 아니라 왜 그렇게 했는지를 이해하는 것이 문제를 고치는 데 필수적인 정보이기 때문이다.

관찰하는 동안 탐색적 질문이 함께 제시되곤 한다. 이를 통해 플레이어가 지금 게임에서 일어난다고 생각하는 것은 무엇인지 그리고 그들이 생각하는 게임의 작동 방식과 실제 작동 방식 간의 차이 등을 알아낼 수 있다. 리서처의 스킬 중 하나는 플레이에 영향을 미치는 정보의 노출 없이 이러한 질문을 하는 것이다. 이를 위해선 "당신의 목표는 무엇입니까?", "당신이 해야 할 일에 대해 어떻게 알아냈습니까?" 등 특정 정보를 담지 않은 광범위한 질문을 탐색적 질문 시 활용하는 것이 좋다. 이러한 질문 형태가 플레이어의 게임 작동 방식에 대한 자연스러운 이해를 인위적인 정보로 대체하는 것을 피하는 좋은 방식이다. 마찬가지로 관찰 세션과 인터뷰를 함께 연계해 진행하는 것은 플레이어의 게임 작동 방식을 이해(게임에 대한 **멘탈 모델**)하는 데 도움이 되고, 또 이것이 개발자의 디자인 의도와 얼마나 다른지 알 수 있는 방법이다.

플레이어의 이해를 알아내는 또 다른 방법은 소리 내어 생각하기 Think Aloud다. 이는 플레이어에게 플레이할 때의 생각을 자유롭게 말해 달라는 형태로 진행된다. 이 방법은 굳이 플레이어에게 질문을 하지 않아도 게임에 대한 플레이어의 이해를 알아내기 좋다.

다만 게임을 하는 동안 이야기하는 것은 부자연스러운 태스크다. 이에 인지부하Cognitive Load를 발생시켜 플레이에 인위적인 영향을 미칠 수 있다. 또한 현재 태스크를 어떻게 진행하는지를 말로 표현하는 것은 집에서 조용히 플레이했으면 하지 않았을 '사회적으로 맞는 말'을 하게 할 위험이 있다. 소리 내어 생각하기가 미칠 수 있는 또 다른 영향은 말을 함으로써 플레이어의 주위가 산만하게 되고, 그에 따라 말을 하지 않고 집중했으면 발생하지 않았을 문제가 추가로 발생할 수도 있다는 것이다. 이러한 잠재적인 문제 때문에 이 기법을 적용할 때는 주의가 필요하다. 그렇다고 소리 내어 생각하기를 완전히 배제하라는 의미는 아니다. 인위적으로 플레이어의 행동을 변화시키지 않으면서 자연스럽게 수행된다면 문제없다. 협동 게임은 이러한 방식의 좋은 사례인데, 플레이어들은 자신의 플레이를 다른 플레이어와 소통하고 설명해야 하기 때문에 소리 내어 생각하기가 더 자연스럽게 이뤄질 수 있다.

게임 리서치에서 관찰 방식을 활용하면 게임 특유의 도전적인 부분을 도입할 수 있다. 다른 많은 유형의 소프트웨어와 달리 게임은 동시에 여러 명이 플레이하는 경우가 많다. 또한 시간을 아끼기 위해 여러 참여자를 대상으로 동시에 긴 플레이 테스트를 진행하는 경우도 있다. 리서처가 한 번에 한 명 혹은 두 명 이상의 참여자를 동시에 관찰해 신뢰도 있는 데이터를 얻기는 매우 어려운 일이다. 이런 경우에는 다른 유저 리서처(또는 일부 교육받은 학생)와 협력해 테스트를 진행할 수 있다. 여러 명이 동시에 참여하는 리서치 설계는 곧 다루겠지만 설문조사를 하거나 로그 데이터 분석을 진행하는 방식으로 대응하는 것이 좋다.

생체 측정법Biometrics도 관찰 시 도움이 될 수 있다. 생체 측정법은 센서를 이용해서 참여자가 게임할 때의 생물학적 반응을 수집하는 방법이다. 예를 들어 참여자의 긴장 상태 등을 알아내거나 아이 트래커 Eye Tracker를 통해 플레이 중에 보고 집중하는 부분을 효과적으로 알아낼 수 있다. 이러한 방법은 세션 내 더 흥미로운 지점을 집중적으로 살펴보는 데 도움이 될 수 있고, 장기적으론 플레이어의 신체적 반응에 따른 의미를 찾아낼 수 있다. 이러한 잠재 가능성에도 불구하고 많은 리서치 팀은 이러한 방법을 일상적으로 사용하지는 않는데, 그 이유는 분석 시간이 증가하고 게임 플레이를 방해하게 되는 만큼 충분한 인사이트를 얻어내지 못하는 경우도 있기 때문이다.

리서처가 답을 얻기 위해 관찰을 사용하기로 결정할 수 있는 몇 가지 일반적인 목표는 다음과 같다.

- 플레이어가 게임의 목표를 배웠는가?
- 플레이어가 레벨 2로 가는 길을 아는가?
- 플레이어가 빠른 여행 기능을 이해하는가?
- 튜토리얼이 플레이어에게 제트팩 사용법을 정확히 가르치는가?

접근성 테스트

장애가 있는 사람도 게임 플레이를 원활하게 할 수 있게 하는 것은 윤리적, 법적으로 중요한 문제다. 그리고 유저 리서처는 여러 리서치를 통해 이를 가능하게 할 수 있다.

접근성 문제를 가장 효과적으로 찾아내는 방법은 장애를 가진 플레이어를 대상으로 사용성 테스트usability testing를 실행해 게임에서 장애가 있는 플레이어의 요구를 지원하지 않는 부분을 식별하는 것이다. 하지만 이는 참여자 모집과 리서치 수행에서 논리적으로 어려울 수 있다. 예를 들어 장애인 대상 테스트를 위해 연구실 전반의 설정을 바꿔야 할 수 있다. 또한 새로운 문제 발굴을 위해서는 항상 새로운 참여자들을 섭외하는 것이 필요한데, 테스트에 참가할 만큼 가까운 곳에 충분한 참가 대상이 존재하지 않을 수 있다. 이에 일반적으로 편향 문제 때문에 과거 참여자를 테스트에 참여시키지 않지만, 접근성 테스트Accessibility Testing는 현실적인 문제 때문에 유저 패널을 활용하거나 미리 정의된 접근성 가이드라인을 활용하기도 한다.

접근성 테스트는 다음과 같은 질문과 관련해 사용된다.

- 해당 게임은 플레이에 영향을 미칠 정도의 장애를 가진 사람들을 위해 적절한 지원을 하고 있는가?

측정

측정Analytics 2이란 플레이어의 행동을 직접 계측하는 방법을 말한다. 이는 플레이어에게 특정 이벤트가 발생했을 때 리서처가 수동으로 표기를 하거나 게임이 자동으로 이벤트를 추적하는 형태로 이뤄질 수 있다. 측정은 유저의 행동과 디자인 의도와의 차이를 보는 데 있어 가장 간단한 방법이다. 예를 들어 개발자의 의도보다 유저가 더 많이 실패를 하거나 한 팀이 다른 팀보다 많이 패배를 하는 것을 측정해 밸런스의 불공정한 문제는 없는지 등을 살펴볼 수 있다.

플레이어가 실패하는 횟수를 리서처가 직접 세는 것 같은 낮은 수준의 측정은 아주 흔한 리서치 방법이지만 여러 테스터가 함께 하는 멀티플레이 게임 등에서는 동시에 여러 플레이어를 관찰해 기록하기가 불가능하다. 그래서 이러한 상황에서는 게임을 의도한 대로 경험

---

2 원서에는 분석이라는 용어로 표현돼 있으나 더 정확한 의미 전달을 위해 측정으로 번역한다. - 옮긴이

했는지를 수집하는 설문이나 게임 내 이벤트 추적 등을 대체적으로 사용한다.

게임 내 이벤트를 자동으로 기록하고 분석하는 것에는 전문적인 역할이 필요하고, 이는 게임의 개발 시점보다 출시 이후에 더 중요해진다. 유저 리서처로서 이런 이벤트를 직접 구현하고 측정하기보다는 데이터 과학자와 함께 일하는 편이 더 유익한 관계가 될 수 있다. 데이터 과학자가 진행하는 게 더 적합한 리서치 목표를 식별하고, 측정된 결과가 연구의 인사이트로 설명될 수 있도록 이들과 협업하는 것은 게임 개발에서 증거 기반 의사결정을 하는 데 큰 도움이 된다.

다음와 같은 난이도 및 밸런스와 관련된 리서치 목표가 로그 분석 방법론과 사용될 수 있다.

- 플레이어가 알맞은 시간에 퍼즐을 완료할 수 있는가?
- 게임의 난이도가 적절한가?
- 멀티플레이어 시 두 팀에 밸런스가 모두 적절한가?
- 오버 파워된 무기가 혹시 있는가?

플레이어의 생각을 이해하기 위한 방법론

개발팀이 제시하는 매우 흔한 리서치 목표는 '사람들이 우리 게임을 좋아하는가?'다. 이것이 성공으로 가는 오직 단 하나의 준비물은 아니지만, 재미있는 게임은 성공할 확률이 더 높다. 그러나 리서치 질문으로서 이 내용은 사실 대답하기 어렵고 증거를 찾기도 쉽지 않다.

첫 번째 단계로 앞선 내용에서 설명한 것처럼 행동적 방법론을 이용해 사용성 문제를 찾아내는 것은 매우 영향력이 클 수 있다. 사용성 문제는 플레이어의 저항과 좌절을 키우고 즐거움을 감소시킬 것이기 때문이다.

플레이어의 점수를 게임의 메타크리틱Metacritic3 점수의 예측치로 활용하려는 시도가 존재한다. 메타크리틱 점수는 많은 스튜디오가 중요하게 생각하고 있고, 메타크리틱 점수를 높게 받는 것에 물질적인 보너스를 제공하기도 한다. 다만 테스트 참여자들에게 게임 경험에 대해 점수를 매겨 달라고 하는 것은 다른 방법론으로 얻는 데이터에 대한 기준점으로 활용할 수 있을지 모르지만, 이는 전문적인 평론가들이 주는 점수와는 매우 다르다. 평론가들은 일반 플레이어와 다를 뿐만 아니라 테스트 참여자들은 게임 자체뿐만 아니라 스튜디오에 방문해 미출시된 게임을 돈을 받고 플레이하는 전체 경험을 평가하는 것이기 때문이다.

이를 넘어서 질적 방법론과 양적 방법론을 통합해 활용하는 방식은 게임에 대한 사람들의 생각, 이유 및 의견이 얼마나 대표적인지를 밝히는 데 사용될 수 있다. 그러나 플레이어들의 생각을 해석하고 이를 게임 설계에 도움이 되는 정보 형태로 바꾸는 것에는 다양한 방법론적인 어려움이 있다. 그렇기에 개발팀이 잘못된 리서치를 통해 위험한 결론을 내리려고 할 때는 경고가 필요하고, 이는 유저 리서처가 제공할 수 있는 또 다른 가치 있는 서비스가 될 것이다.

인터뷰

인터뷰Interview는 게임 중 혹은 이후 플레이어의 생각을 이해하기 위해 직접 질문하는 것을 말한다. 앞서 살펴본 관찰이나 측정법은 플레이어가 무엇을 하는지에 대한 정보를 많이 얻을 수 있지만 어떻게 그들의 행동을 바꿀 수 있을지에 대한 의사결정을 하기에는 부족하다. 왜 플레이어가 그렇게 행동했는지를 디자이너가 알아야만 플레이어의 행동을 바꾸기 위한 올바른 변화를 만들어 낼 수 있다.

---

3 리뷰 사이트가 준 점수를 통합해 제공하는 웹사이트(www.metacritic.com)

이를 달성하기 위해 플레이어가 무슨 생각을 하는지, 게임 작동 방식을 어떻게 이해하는지를 밝히기 위한 유저 리서치가 필요하고, 이때 인터뷰가 많이 사용된다. 이를 통해 플레이어가 실제로 이해하는 것과 디자인 의도 간의 차이를 발견할 수 있고, 디자이너는 해당 차이를 줄이기 위한 개선을 진행할 것이다.

앞서 설명했듯이 질문을 하면 플레이어의 생각이나 이해를 바꿀 위험이 있는 잠재적인 정보를 제공해 게임을 자연스럽게 경험하는 환경에 영향을 미칠 수 있다. 이에 리서처들은 질문의 제공 시점과 내용을 적절하게 사용하는 방법을 익혀 플레이어의 자연스러운 경험을 방해하지 않도록 노력해야 한다.

또한 인터뷰를 하면서 플레이어들이 말하는 것이 반드시 진실이 아닐 수 있다는 점을 이해해야 한다. 단순히 의도적으로 거짓말하는 사람도 있을 수 있으나, 무의식적인 편향에 의해서 실제 일어난 것과는 다른 의견을 말할 수도 있다. 그렇기에 플레이어에게 미래의 행동을 예측하라고 하는 것은 매우 위험하다. 예를 들어 "이 게임을 구매하시겠습니까?" 같은 질문에 실제 구매 의향과는 상관없이 답변할 확률이 매우 높다. 이에 인터뷰 데이터를 해석할 때는 주의가 필요하고 플레이어의 생각의 흐름, 과정에 대한 분석에 집중하는 것이 좋다.

인터뷰는 다음과 같은 연구 목적에 활용된다.

- 스페셜 능력의 작동 방식을 어떻게 생각하는지?
- 왜 플레이어들이 올바른 길로 가지 않는지?
- 왜 플레이어들이 게임을 즐기거나/즐기지 않는지?

설문

설문Survey은 게임 전반이나 각 레벨에 대한 반응을 측정하는 데 가장 일반적으로 사용되는 방법이다. 플레이어에게 10점 만점에 몇 점을 줄 수 있는지 혹은 '나는 무엇을 해야 하는지 이해했다', '나는 어디로 가야 하는지 이해했다' 등과 같은 척도를 사용해 게임을 평가하도록 요청을 받는다.

각 내용에 얼마나 동의하시는지 응답해 주세요.

나는 현재 레벨에서 어디로 가야 할지 항상 알고 있었다.

매우 동의하지 않음	동의하지 않음	보통	동의함	매우 동의함
1	2	3	4	5

나는 현재 레벨에서 무엇을 해야 할지 항상 알고 있었다.

매우 동의하지 않음	동의하지 않음	보통	동의함	매우 동의함
1	2	3	4	5

동의 여부의 척도는 레벨을 비교하는 데 사용할 수 있는 형태 중 하나다.

사실 설문을 통해 얻은 점수 자체로는 별로 도움이 되지 않는다. 디자이너에게 '10점 만점에 7점'이라고만 결과를 전달하는 것은 점수를 개선하기 위해서 무엇을 어떻게 해야 하는지에 대한 충분한 정보를 제공하지 못한다. 이에 설문은 해당 점수를 받은 이유와 개선할 수 있는 변화를 설명하기 위해 정성적인 방법론과 결합돼야 한다. 또한 설문 데이터는 다른 결과와 비교할 때 가장 유용하다. 예를 들어 게임 내 스테이지끼리의 비교나 다른 게임 점수와의 비교를 통해 점수가 현격히 차이가 나는 지점을 찾아낼 수 있다.

설문을 통해서 유의미한 결과를 얻으려면 일반적으로 많은 수의 참여자가 필요하다. 보안이 중요한 게임이나 아직 발표되지 않은 게임은 개발팀이 인터넷 및 장비 접속 기록이 남는 내부 환경에서 테스트하기를 원하기 때문에 다수의 참여자를 모으는 것이 다소 어려울 수 있다. 이것이 게임 분야에서 다수의 좌석을 기반으로 한 플레이 테스트가 많고, 그들을 대상으로 설문을 진행하는 경우가 일반적인 이유라 할 수 있다.

리서처로서 지금 수집한 데이터를 통해 결론을 내리는 것이 안전한지, 안전하지 않은지를 판별할 만한 충분한 통계 지식을 갖추는 게 중요하다. 유저 리서처가 가장 일반적으로 사용하는 통계 테스트는 서로 다른 결과 간의 신뢰 구간을 측정해 두 점수 간 유의미한 차이가 있는지를 살펴보는 것이다. 다수의 정성적 리서치는 등급 간에 통계적인 차이를 검증할 수 없기 때문에 이를 테스트할 수 있다면 리서치 결과에 대한 신뢰를 확보하는 데 도움이 될 것이다.

레벨에 따른 도전 횟수

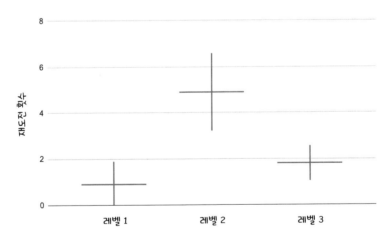

신뢰도 있는 결론을 도출하려면 신뢰 구간 산정이 필요할 수 있다. 여기서 세로선은 실제 값이 위치하는 최댓값과 최솟값을 의미한다.

설문을 통해 답변할 수 있는 리서치 목표의 유형은 다음과 같이 주로 플레이어의 게임 인식에 초점이 맞춰져 있다.

- 플레이어가 이 스테이지를 어렵다고 생각하는가?
- 플레이어가 가장 좋아하는 무기는 무엇인가?
- 점프하는 느낌은 어떤가?
- 플레이어가 추적 순서를 좋아하는가?

플레이어가 필요하지 않은 방법론

모든 유저 리서치에 유저 참여자가 필요한 것은 아니다. 오랜 시간에 걸쳐 유저 리서처는 게임의 디자인이 플레이어에 미치는 효과를 예측하는 것에 대해 어느 정도 전문성을 키워왔다. 이러한 전문성을 바탕으로 플레이어를 살펴보는 작업이 없이도 게임을 평가할 수 있다.

다만 유저 참여가 없는 방법론에 의존하는 것은 다소 위험할 수 있다. 다른 형태의 리서치에서 얻은 결과를 공유할 때는 결과에 객관적인 사실이 포함된다. 예를 들어 플레이어가 실제로 어디로 가야 할지 모른다거나 플레이어가 실제로 제트팩을 사용하는 방법을 알지 못한다는 등의 사실이다. 방어적인 팀은 이러한 사실보다도 리서치 설계나 참여자의 자질에 의문을 품겠지만, 일반적으로 논란의 여지가 (거의) 발생하지 않는다. 또 이러한 객관적 사실 때문에 개발팀이 문제를 좀 더 진지하게 인지하고 받아들이곤 한다.

실제 유저를 대상으로 하지 않는 리서치 방법을 활용할 때는 결과에 대한 이의 제기를 받기가 상대적으로 쉽다. "플레이어가 제트팩을 사용하기 어려워할 수도 있다."가 "플레이어가 실제로 제트팩을 사용하기 어려워했다."보다는 설득력이 떨어지기 때문이다. 그렇기에 개발팀을 움직일 만큼의 신뢰를 얻고 그 신뢰를 저버리지 않기 위해서는 반드시 중립적이고 객관적이어야 한다. 또한 리서처 개인의 아이디어나 논의 주제를 강요하는 것을 피해야 한다.

전문가 리뷰와 휴리스틱

전문가 리뷰Expert review는 리서처가 직접 플레이해보고 플레이어가 맞닥뜨릴 문제에 대한 피드백을 제공하는 것을 말한다. 리서처는 여러 사람의 플레이를 관찰해왔기 때문에 다른 팀 사람들보다 진짜 유저의 실력이나 생각을 반영할 확률이 높다.

전문가 리뷰는 참여자 모집을 진행할 필요가 없기 때문에 다른 방법론에 비해 저렴하고 빠르다. 전문가 리뷰는 다른 리서치를 하기 전에 수행하면 특히 효과적이다. 유저 리서치에서 발생할 수 있는 문제를 미리 확인하고 해결해 더 새롭고 흥미로운 문제를 찾아내게끔 돕는다.

이러한 방법론의 일반적인 이름은 전문가 리뷰이나 게임팀 입장에서 전문가는 본인들이라 생각할 수 있다. 그래서 사용성 리뷰usability review 정도의 이름으로 순화시켜서 사용하기를 추천한다.

전문가 리뷰는 휴리스틱Heuristics 리뷰에서 온 개념이다. 휴리스틱은 좋은 디자인에 대한 원칙을 뜻한다. 제이콥 닐슨Jakob Nielsen의 "10 Usability Heuristics for User Interface Design"[4]이 가장 유명하고 게임에 특화된 휴리스틱도 존재한다. 휴리스틱 리뷰는 해당 원칙에 따라서 제품이나 게임을 평가하고 왜 문제인지를 설명한다.

이 방법은 개인적으로는 필자가 좋아하는 방식은 아니다. 그 이유는 리서처가 찾을 수 있는 문제의 범위를 제한하고, 디자인 의도와 유저 경험의 차이를 찾기보다는 디자인과 관련된 내용에 집중돼 있기 때문이다. 그렇지만 게임 유저 리서처들이 휴리스틱 원칙에 대해 미리 알고 게임의 잠재적인 문제 포착에 활용하는 것은 좋다.

---

4 제이콥 닐슨, "10 Usability Heuristics for User Interface Design", Nielsen Norman Group, 1994(https://www.nngroup.com/articles/ten-usabilityheuristics/)

전문가 리뷰는 다음과 같은 리서치 목표가 있을 경우 활용해볼 만하다.

- 이 레벨에서 유저가 마주칠 만한 사용성 문제가 무엇일까?
- 이 튜토리얼을 통해서 유저가 제트팩의 사용 방법을 배울 수 있을까?
- 이 레벨에서 어디로 가야 하는지가 명확한가?

포스트 모템

게임 개발이 완료되면 플레이어의 경험을 이해하는 데 도움이 되는 새로운 정보의 소스가 생기게 된다. 게임이 출시되면 비평가, 팬들, 댓글러 등 많은 사람이 게임 경험의 질에 대한 다양한 인사이트를 엄청나게 쏟아낸다.

포스트 모템Post mortem은 이러한 소스에서 피드백을 분석하고 어떠한 주제의 문제가 있는지 찾아내는 방법론을 뜻한다. 이러한 작업은 어떤 의사결정 때문에 그런 피드백이 발생했는지 이해할 수 있게 해준다. 그리고 궁극적으로 게임의 개발 프로세스를 발전시키는 데 도움을 준다. 이 피드백은 게임팀이 일하는 방식을 바꾸고 증거 기반 의사결정을 촉진하는 데 활용될 수 있다.

출시 후 피드백을 해석할 때 주의할 점이 있다. 피드백을 주는 대부분의 사람들은 일반적인 유저가 아니다. 평론가들은 전문적인 플레이어인 경우가 많고, 댓글러들은 댓글을 달지 않는 유저들보다 극단적인 시각을 갖고 있는 경향이 많다. 또 스트리머들은 그들의 비디오를 위해서 흥미로운 토픽을 찾는 엔터테이너다. 이러한 맥락에서 그들은 일반적인 유저를 대변하지 않을 수 있으며, 이들을 통해 인사이트를 포착하고 활용할 때는 주의를 기울여야 한다.

리뷰가 나올 시점은 게임에 중요한 변화를 주기에는 너무 늦은 때일 수 있다. 하지만 출시된 게임에 포스트 모템을 수행하면 게임이 추후 발전해 나갈 방향에 대해 의사결정을 할 좋은 정보를 얻을 수 있다. 또한 포스트 모템은 경쟁작에 대해서도 진행하는 것이 좋다. 이는 경쟁자 분석^{Competitor Analysis}이라고도 한다.

포스트 모템으로 해결할 수 있는 몇 가지 목표는 다음과 같다.

- 사람들이 전투를 좋아했는가?
- 사람들이 스토리를 이해했는가?
- 다른 게임에서 제작 기능을 잘 수행하게 하는 좋은 방법이 있었는가?

더 많은 게임 유저 리서치 방법론

우리가 일반적으로 많이 사용하는 방법론을 간단하게 설명했지만, 각각의 방법론을 알맞게 적용하고 이를 통해 안전한 결과를 도출하기 위해서는 전문성을 쌓는 과정과 실습이 필요하다. 숙련된 리서처가 쓴 『Games User Research』[5] 책에는 다수의 방법론을 적절히 활용하는 데 도움이 될 수 있는 심화 내용을 다루고 있으니 참고하면 좋겠다.

---

5   A. Drachen, P. Mirza-Babaei, L. Nacke, 『Games User Research』,.Oxford University Press, 2018

게임 유저 리서치 준비하기

리서치를 준비하는 과정에서는 순조롭게 각 세션을 진행하고, 성공적으로 리서치 목표를 확인할 수 있도록 대비해야 한다. 게임 유저 리서치를 진행하기 위해 필요한 준비는 대부분의 유저 리서치와 매우 비슷하다. 다만 이후 살펴볼 기술적 준비나 빌드 점검code screening 등 좀 더 복잡한 부분도 있을 수 있다.

앞에서는 리서치 설계를 다뤘으므로 이번 절에서는 리서치 수행 준비에 필요한 모든 주요 단계를 다룬다. 또한 구체적으로 비디오 게임을 연구할 때 생기는 어려움도 확인할 것이다. 다룰 내용은 다음과 같다.

- 리서치 참여자 찾기
- 게임 및 빌드 이해하기
- 기술적 준비
- 공간 준비
- 문서 준비
- 게임팀 참여시키기
- 파일럿 테스트

게임 리서치 참여자 찾기

대부분의 리서치 방법론에는 리서치에 참여할 유저가 필요하다. 모객 과정에서는 게임이 출시되면 해당 게임을 플레이할 유형을 찾고, 해당되는 사람들을 리서치에 초청해 확실히 참여하는지 확인해야 한다.

여기에는 많은 협력과 시간이 필요하므로 리서치 계획이 완성되면 가능한 빨리 모객을 시작하는 것이 현명하다. 필요한 인원수나 세션의 길이는 이 시점에서 확실해진다. 모집에 걸리는 시간은 방법론에 따라 달라질 수 있는데, 며칠에서 몇 주까지 걸릴 수 있다.

앞서 킥오프 미팅을 진행하는 방법에 대해 다룬 적이 있다. 킥오프 미팅에서 어떤 사람이 리서치의 참여자가 돼야 하는지 정해야 나중에 참여자가 대표성이 떨어지거나 적합하지 않다는 논쟁을 방지할 수 있다. 모집대상은 게임이 누구를 대상으로 하는지에 맞춰져야 하며, 이를 위해 마케팅 부서 등 다른 팀의 자료를 활용할 수 있다. 모객에 사용할 수 있는 몇 가지 합리적인 기준은 다음과 같다.

- **다른 게임 경험이 있는 사람**: 예를 들어 많은 예산이 투입되는 일인칭 슈팅 게임을 리서치한다면 작년에 출시한 다른 대형 FPS 게임을 플레이한 사람을 찾는다.
- **이전 시리즈에 익숙한 사람**: 예를 들어 인기 있는 스포츠 프랜차이즈 게임의 후속작이라면 지난 출시작을 플레이하는 사람을 찾는다.
- **일부 인구통계학적 정보**: 예를 들어 어린이를 대상으로 하는 경우. 성인 대상일 때는 게임 타깃에 대한 부정확한 고정 관념을 강화할 우려가 있고, 대표성 문제도 있기 때문에 연령과 성별에 따라 모집하는 것은 추천하지 않는다.

리서치에 적합한 유형의 플레이어를 확실하게 찾는 데 시간을 쓰는 일은 중요하다. 적절하지 않은 플레이어를 찾으면 리서치 결과물이 실제 게임 디자인에 대한 의사결정에 의미가 없기 때문이다. 참여자가 듀얼 스틱 컨트롤러를 한 번도 써본 적이 없다면, 그런 컨트롤러 경험이 있다는 가정하에 진행하는 일인칭 슈팅 게임 테스트를 즐기기 힘들 것이다. 튜토리얼을 디자인할 때에는 유용할 수 있지만, 대상으로 정한 유저가 일인칭 슈팅 게임에 경험이 있는 플레이어이기 때문에 다른 부분을 테스트할 때는 의미가 떨어진다.

참여자 심사하기

적합한 참여자를 확실하게 모집하기 위해서는 리서치에 초대하기 전에 반드시 심사과정이 필요하다. 심사과정에서는 참여자가 리서치 참여 기준과 일치하는지 확인한다. 참여자에게 지급하는 돈이 있기 때문에 사람들이 자신과 맞지 않는 리서치에 지원하는 일은 꽤 흔하다. 그러므로 잘못된 모집을 피하기 위해 참여자들이 적합한지 확인하는 과정은 필수적이다. 이 과정은 여러 단계를 거칠 때가 많다.

- 설문을 통해 플레이하는 게임과 다른 심사기준에 대한 정보를 물어본다. 리서치에 참여하는 기준이 어떤 답변으로 정해지는지 확실하게 말하지 않는 것이 좋다. 이 설문으로 리서치가 예정된 날짜와 시간에 참석이 가능한지도 확인할 수 있다.
- 어떤 팀은 리서치 세션 이전에 참여자와 통화를 하기도 한다. 통화를 통해 참여자가 해봤다고 말한 게임을 정말 플레이했는지를 확인하기 위해 더 심층적인 질문을 할 수 있다.

리서치에 참여하기에 알맞은 사람인지를 확인한 후, 참여자를 리서치가 예정된 일자와 시간에 배정한다.

참석 유도하기

참여자가 나타나지 않고 무단 불참해버리면 많은 비용이 소모되고 난처하다. 우선 리서치를 관찰해야 할 리서처, 디자이너, 프로듀서의 시간을 낭비하는 것이기 때문에 많은 비용이 소모되는 셈이다. 또한 예정된 다음 세션을 시작할 때까지 모두가 할 일 없이 손가락이나 만지작거리며 관찰실에 앉아 있어야 하기 때문에 난처하다. 사람들이 나타나지 않는 위험을 줄이기 위해서 사용해볼 수 있는 세 가지 전략이 있다.

첫째, 참여자에게 보상이 있어야 한다. 참여의 대가로 돈이나 상품권 등을 지급해 사람들이 당일 참석에 더 신경 쓰게 할 수 있다. 또한 보상이 있으면 좀 더 '일반적인' 유저를 찾기 쉽다. 아무 보상이 없을 때에도 참석하는 사람은 평균적인 플레이어보다는 훨씬 열성 팬이거나 목소리 큰 비평가일 확률이 높다. 보상 없는 참여자만 모집한다면 리서치 참여자에 표본 추출 편향이 발생할 수 있다.

두 번째로 한 명 이상의 예비 참여자를 모집하는 방법이 있다. 리서치에 필요한 인원보다 한 명 이상 더 많은 사람을 모집해서 빈 자리가 날 때를 대비해 대기시키거나 그 사람을 마지막 추가 세션으로 준비할 수 있다. 만약 나타나지 않는 사람이 있다면 예비 인원이 빈 자리를 메울 수 있다.

확정된 참여자에게 일정 초대를 보내고, 바로 전날 전화해 리서치가 예정돼 있음을 상기시키고 일정과 장소를 다시 안내한다. 이를 통해 실수로 세션을 깜빡 잊어버리거나 시간과 장소를 착각하는 일을 막을 수 있다.

적절한 참여자를 찾는 일에는 많은 작업이 필요하며 전문 능력이 필요하다. 많은 리서치팀이 이 일을 담당하는 전담 구성원을 고용하거나 외부 참여자 모집회사에 외주를 맡긴다. 참여자 모집은 복잡한 일이기 때문에 예산이 허락한다면 외주를 맡기기에 가장 적합한 일일 수 있다.

게임 및 빌드 이해하기

게임 속 사용성 및 경험적 문제를 찾아내기 위해서는 해당 게임을 잘 이해해야 한다. 게임의 의도(어떻게 작동해야 하는지)를 이해하는 것뿐만 아니라 테스트 시점에서 빌드의 상태 또한 이해하고 있어야 한다. 이것을 '빌드 점검'이라고 할 때도 있다.

게임이 완성되기 전에 리서치를 진행하기 때문에 테스트하는 게임 버전은 미완성 상태다. 또 게임은 복잡한 시스템이기 때문에 테스트하는 버전에 버그가 있을 가능성이 아주 높다. 게임팀이 테스트용 맞춤 빌드를 만들고 싶어할 때도 많다. 리서치를 준비할 때 리서처들은 게임에 어떤 콘텐츠가 있고 어떤 버그가 있는지, 또 리서치 세션을 진행하기 위해 이런 버그나 미완성 부분을 어떻게 대처해야 하는지 충분히 이해할 수 있을 만큼 테스트 버전을 게임해야 한다.

리서치 목표를 기준으로 테스트용 빌드를 확인하는 것도 좋은 방법이다. 테스트용 빌드에서 제공하는 콘텐츠가 목적을 확인하는 데 충분한지 확인하는 것이다. 만약 콘텐츠가 충분하지 못하다면 테스트 목적을 변경할지, 혹은 빌드를 업데이트할지를 동료들과 논의해야 한다.

리서처는 테스트할 버전뿐 아니라 게임의 목표와 숨겨진 디자인 의도 역시 이해해야 한다(디자이너들이 의도를 갖고 있는 경우라면 말이다). 리서치를 설계할 때는 플레이어가 길을 잃는 위치나 플레이어가 실패하는 횟수 등 세션 진행 중 관찰해야 할 부분이 있다. 디자인 의도를 이해하는 일은 관찰한 내용에 문제가 있는지를 판단하는 데 필수적이다. 게임 요소나 시나리오를 디자인한 사람들과 많은 대화를 나누면 플레이어들이 퍼즐을 풀기까지 몇 번 정도의 실패를 의도했는지 같이 플레이어가 경험하길 원하는 바를 파악하기가 더 쉽다. 또한 디자이너에게 낯선 작업일 수 있지만 의도를 이해하기 위해 디자이너가 디자인 의도를 명확히 정의하고 정량화해야 할 수도 있다. 이런 점에서 동료들과 가까운 관계를 쌓는 일은 성공적인 리서치 수행을 위해 특히 중요하다.

게임과 게임에 적용된 의사결정을 이해하는 데 들어간 시간은 리서치에서 나온 데이터를 성공적으로 분석하는 데 도움이 될 것이다. 이를 통해 리서처는 팀에 가장 중요한 문제를 안정적으로 밝혀낼 수 있다. 또 이런 준비 과정은 알려진 문제를 해결하는 데 더 유용한 개선 논의를 이끌 수 있도록 도와준다. 논의 과정에 대해서도 책의 뒷부분에서 다룰 것이다.

기술적 준비

비디오 게임을 테스트하려면 다른 소프트웨어 개발 분야보다 필연적으로 기술에 익숙해져야 한다. 테스트할 게임 버전을 준비하는 것 외에도 리서치 진행을 녹화하거나 중계하는 데 필요한 기술적 준비 또한 필요하다.

빌드를 준비하는 방법은 테스트에 사용하는 하드웨어 종류가 콘솔인지, PC인지, 모바일인지에 따라 달라진다. 구체적인 준비과정은 다를 수 있지만 리서처는 빌드를 설치해서 잘 동작하는지 시험해봐야 한다. 소프트웨어가 아직 개발 중이고 QA를 거치지 않았기 때문에 테스트 환경에서 게임을 설치할 때 기술적 문제가 발생할 가능성이 높다. 설치를 시도해보고 문제를 해결할 수 있을 충분한 시간을 확보하라.

게임팀과 협의해야 할 사항이 한 가지 있다. 보통 게임팀은 변경 사항을 계속 반영하기 위해 최종 빌드를 가능한 늦게 주고 싶어한다. 반면 리서처는 빌드를 설치하고 빌드가 의도대로 작동하는지 확인할 충분한 시간을 원한다. 테스트 이틀 전까지를 최종 빌드 마감일로 하는 정도라면 문제가 있을 경우 대처할 만한 시간을 가질 수 있는 좋은 절충안이 될 수 있다.

리서치를 진행할 때는 세션을 관찰하거나 녹화하기 위한 기술적 준비도 필요하다. 많은 리서치팀은 상시 공간(리서치 랩)이 있어서 매번 녹화를 위한 기술적 준비를 하지 않아도 된다. 소규모 리서치팀의 경우 리서치 진행을 위해 회의실을 쓸 때도 있다. 팀이 실시간으로 리서치를 볼 수 있는 관찰실로 쓸 두 번째 방을 준비하는 것도 유용하다. 실시간 참관은 동료들의 참여도를 높이고, 리서치 세션 동안 어떤 일이 일어나는지 동료들이 잘 이해할 수 있어 결과적으로 리서치의 영향력이 확대된다. 별도 공간을 준비할 수 없다면 여러 기술적 준비를 통해 사람들이 각자의 자리에서 실시간 중계를 보게 할 수 있다.

세션 중 테스트 공간에서 녹화되는 영상과 음성을 게임 속 진행 상황과 결합해 하나의 영상으로 만들기 위한 기술적 준비는 화면 공유 소프트웨어, HDMI 분배기, 녹화 소프트웨어를 함께 사용하면 꽤 저렴한 비용으로 마칠 수 있다. 온라인에는 한 번에 한 명의 테스터를 대상으로 비디오를 녹화하고 중계할 수 있는 유저 리서치 공간을 만드는 방법을 알려주는 가이드가 많이 올라와 있다. 필자 또한 예전에 쓴 『Building User Research Teams』에서 몇 가지 방법을 다룬 적이 있다.

게임 유저 리서치는 다른 업계 리서치와 달리 앞서 설명한 몇몇 방법론을 적용하기 위해서는 많은 플레이어가 동시에 플레이할 수 있어야 한다. 이 점 때문에 기술적으로 훨씬 복잡해지는 측면이 있다. 여러 명이 플레이 가능한 더 발전된 리서치 공간을 준비하는 방법은 세바스찬 롱이 『Games User Research』 책이나 #GamesUR 서밋 등에서 다룬 적이 있다. #GamesUR 서밋의 영상은 유튜브 GRUX SIG 채널에서 찾아볼 수도 있다.

공간 준비

리서치 공간에서 기술적인 준비를 하는 것뿐 아니라 공간 자체가 참여자 경험에 미치는 영향이나 참여자가 연구 공간으로 이동할 때 지나는 영역이 미치는 영향을 생각해보는 것도 중요하다. 테스트 공간 자체는 중립적이어야 하고 참여자를 주눅들게 하거나 편견이 생기지 않도록 해야 한다. 지나치게 진료실 같은 분위기는 사람들이 연구소에서 관찰당하는 느낌이 들기 때문에 피해야 한다. 또 지나친 브랜드 홍보는 사람들이 플레이하는 게임에 대한 의견에 영향을 미칠 수 있다.

리서치에 참가하는 동안 참여자의 경험이 존중되고 잘 계획돼 있으면, 참여자에게 더 편안하고 자연스러운 환경을 만들어 줄 수 있다. 여기에 포함되는 것은 참여자들이 도착했을 때 무엇을 할지 자세한 정보를 주는 것, 도착했을 때 안내받을 장소를 고려하는 것, 안내직원들이 참여자에 적절히 대응할 수 있도록 내용을 미리 설명하는 것 등이 있다.

리서치에서 참여자가 있는 공간뿐 아니라 관찰을 위한 공간도 준비해야 한다. 기술적으로 실시간 중계가 가능하다면 관찰자들이 함께 볼 수 있는 공간 준비를 권장한다. 이를 통해 개발팀 구성원들 사이에 토론이 활발해질 수 있고, 리서치팀 구성원이 함께 해 논의 진행을 도울 수도 있다. 관찰 공간을 준비하는 과정에는 프로젝터나 대형 스크린으로 모두가 영상 중계를 볼 수 있는 상태인지 확인하고, 포스트잇을 붙일 수 있는 공간을 확보하고, 참여를 독려할 수 있는 다과를 준비하는 일이 포함된다. 붐비는 건물에서는 회의실 예약이 어려울 수 있으므로 충분한 시간을 두고 미리 공간을 예약하도록 하자.

문서 준비

유저 리서치를 진행할 때에는 준비해야 할 문서가 많다. 리서치 전에 문서를 작성하고 인쇄하는 것을 잊어버리기도 쉽다. 일반적으로 만들게 되는 문서는 다음과 같다.

- 참여자에게 제공하는 사전 학습 정보
- 건물 안내 데스크에 전달하는 정보
- 참여자용 비밀유지서약서
- 참가 동의서
- 참여자에게 배포할 설문지
- 리서치 진행 중 기록할 수 있는 도구

이 중 많은 템플릿은 필자의 이전 책인 『Building User Research Teams』의 웹사이트(www.BuildingUserResearchTeams.com)에서 무료로 이용할 수 있지만, 여기에서는 각 서류에 대해 간단히 설명하겠다.

참여자들을 위한 사전 학습 정보는 미리 이메일로 전달해야 한다. 리서치를 진행할 시간과 장소, 교통 수단이나 주차 같은 이동 정보, 도착했을 때 어떻게 해야 하는지 같은 내용을 알려줘야 한다. 앞서 말했듯이 무단 불참은 많은 비용이 소모되는 난처한 일이다. 참여자가 볼 수 있는 정보를 주고, 무엇을 기대해야 하는지 알게 하는 것은 무단 불참이 일어날 확률을 줄이는 데 도움이 된다.

BUILDING USER RESEARCH TEAMS

How to create UX research teams that deliver impactful insights.

About The Book   Free User Research Templates   'Embedding User Research' Newsletter   The Author   Get The Book

USER RESEARCH TEMPLATES

Templates for the user research process can be a great head start for a new team, allowing them to adapt the contents to meet the needs of their organisation.

Details on how to use all of these templates are in the book *Building User Research Teams*. Please feel free to download and adapt these templates for your own use.

On this page, you will find:

- The Research Study Tracker
- A Research Study Checklist
- Kick Off Meeting Template
- Study Plan and Discussion Guide Template
- Consent Form Template
- Visitor Information Template
- Observer Information Template
- Note Taking Template
- User Research Report Template

다양한 종류의 리서치 템플릿은 「Building User Research Teams」 웹사이트에서 이용 가능하다.

참여자들이 건물 안내 데스크에 도착했을 때 긍정적 경험을 할 수 있으면 긴장감을 줄이고 더 자연스러운 행동을 유도하기 쉽다. 큰 회사의 사무실에 가면 주눅들기 쉽다. 안내직원이 참여자가 누구이고 어떻게 대응하면 될지 미리 이해하고 있으면 그 경험이 덜 무서울 수 있다. 이를 위해 안내직원에게 방문자에 대한 설명과 함께 연락처, 참여자 대기 장소 등 방문 시 지침을 전달할 수 있는 문서를 만드는 것이 좋다.

이 책의 첫 장에서 다뤘듯이 보안은 대규모 마케팅 전략을 가진 많은 게임에서 매우 중요하다. 법률팀과 협업해 비밀유지서약서를 만들어두고, 참여자가 사인하도록 요청한다. 유출 위험을 줄일 수 있고, 유저 리서치의 안전성에 대한 게임 스튜디오의 신뢰도 증가한다.

윤리적인 유저 리서치 진행을 위해서는 참여자가 어떤 리서치에 참여하는지, 어떤 정보를 수집하는지, 그들의 데이터가 어떻게 저장

되고 이용되는지 이해해야 한다. 이를 위해서 진행자가 직접 내용을 브리핑해주면서 동시에 참여자가 문서를 읽고, 사인하고, 복사본을 받을 수 있도록 하는 방식이 자주 사용된다. 문서와 함께 말로 내용을 설명해주는 것은 참여자가 확실히 내용을 이해한 채로 동의하는 데 도움을 주며, 이것은 필수적인 윤리적 요건이다. 리서치의 목표를 넓은 수준에서 설명하는 문서를 준비하되 참여자 행동에 영향을 줄 수 있으므로 너무 많은 세부 사항을 밝혀서는 안 된다. 예를 들어 "우리는 게임을 개선하기 위해 당신의 게임 경험에 대해 알고 싶습니다." 같은 정도다. 또 문서에 음성 녹음, 영상 녹음, 설문 응답 등 수집하는 데이터 목록을 명시해야 한다. 데이터의 복사본을 받을 수 있는 방법이나 이후 동의를 철회하고 싶을 때의 방법 등도 기재해야 한다.

리서치를 준비할 때 유용한 설문 문항에는 두 종류가 있는데, 종이로도 진행할 수 있고 퀄트릭스Qualtrics 같은 설문 툴을 사용해 컴퓨터로도 진행할 수 있다. 참가 초청을 받기 전에 참여자들을 심사하는 작업이 있지만, 그래도 세션 시작 시에 참여자들이 게임을 플레이하는 경향 등을 재확인해보는 것은 유용할 수 있다. 엉뚱한 사람을 초청했거나 참여자가 거짓말했거나 초청한 사람 외에 다른 사람이 참여하는 등 잘못된 모집 여부를 확인하는 데 도움이 된다. 데이터 수집과 사용에 대해 동의서를 통해 동의한 셈이 되므로, 분석 과정에서 플레이 경향에 대한 데이터를 사용하기 더 편한 측면도 있다. 설문 문항은 게임 플레이 도중(예를 들어 레벨마다)이든 세션 종료 시점이든 리서치 설계상 필요할 때 준비해서 배분할 수 있도록 해야 한다.

마지막으로 준비해야 할 것은 리서치를 담당하는 리서처들이 사용할 기록 도구다. 관찰할 내용이 미리 정리돼 있는 구조화된 연구에서는 기록에 스프레드 시트를 쓰는 팀이 있다. 덜 구조화된 연구에서는 플레이어가 더 자율적으로 행동할 수 있기 때문에 어떤 피드백이 수집될지 미리 예상하기가 불가능하다. 이런 상황에서는 마인드맵을 사용하면 데이터 수집과 분석 속도를 매우 빠르게 할 수 있다. 관련 세부 사항은 『Building User Research Teams』책에서 다루고 있다.

마지막으로 리서치를 시작하기 전에 언급한 문서와 이전 절에서 다룬 토론 가이드를 인쇄해 준비하는 것을 잊지 말아야 한다!

게임팀 참여시키기

유저 리서치를 수행할 때 게임팀이 리서치에 참여하고 있다고 느끼는 것은 중요하다. 게임팀이 활발히 참여하면 리서치가 그들의 의사결정에 영향을 미칠 확률이 커지고, 리서치에 대한 투자를 정당화할 수 있다. 앞서 살펴본 바와 같이 리서치 목표를 결정하는 데 게임팀이 적극적으로 관여하고, 리서처가 디자인 의도를 이해할 수 있도록 함께 일하는 것은 유용한 리서치를 수행하고 데이터를 정확하게 해석하는 데 필수적이다.

게임팀의 지지를 얻지 못하는 가장 쉬운 방법 중 하나는 그들을 진행 중인 리서치에서 배제하는 것이다. 최소한 유저 리서처들은 리서치 세션을 게임팀이 참관할 수 있도록 초대해야 하며, 결과를 논의하는 자리에도 초대해야 한다. 초대하는 일을 잊어버리기 쉽고 사람들은 일정이 꽉 차 있기 때문에, 초대는 리서치 준비 초기에 진행해야 한다. 리서치 직전에 게임팀에 리서치가 예정돼 있음을 상기시켜 리서치 목표와 세션 참관 방법을 알리는 것도 게임팀의 참여도를 높이는 데 도움이 된다.

팀이 좀 더 성숙하고 경험이 풍부한 리서처를 통해 관계가 잘 형성되고, 게임팀의 리서치 이해도가 향상되면 리서치 데이터를 공동으로 분석해 결과를 함께 도출하는 등 더욱 흥미로운 협업을 모색할 수 있다.

파일럿 테스트

리서치를 수행하는 동안 다음과 같은 여러 문제가 생길 수 있다.

- 빌드가 중단되고 플레이어가 저장한 게임이 사라진다.
- 진행이 불가능한 버그가 발생한다.
- 녹화 장비에 녹화가 되지 않는다.
- 마이크가 켜지지 않아 인터뷰 내용이 잡히지 않는다.
- 동의서가 인쇄되지 않았다.
- 설문조사에 잘못된 척도가 들어가 있다.
- 참여자가 수행해야 할 태스크를 오해해 엉뚱한 부분을 플레이했다.

이런 문제로 인해 실제 리서치가 중단될 확률을 낮추기 위해 파일럿 테스트를 수행하는 것이 매우 중요하다. 파일럿 테스트는 테스트의 모의 실행이다. 가짜 참여자(보통 회사 동료)가 실제 참여자인 것처럼 행동하며 전체 리서치를 진행해보는 것이다. 파일럿 테스트에서는 가짜 참여자에게 동의서 작성을 요청하지 않거나, 실제 참여자보다 게임을 적게 하는 등 일부분을 생략하고 싶기 마련이다. 시간이 부족하다면 생략도 필요하지만, 생략한 부분이 많을수록 너무 늦기 전에 실제 리서치에서 생길 문제를 깨닫지 못할 위험성도 커진다.

파일럿 테스트를 리서치 전날 진행하면 실제 테스트 빌드를 사용할 수 있고, 파일럿과 실제 테스트 사이에 생기는 버그의 위험도 피할 수 있다. 하루 전이면 나타날 수 있는 대부분의 기술적 문제나 리서치 설계상의 문제에 대처하기에 충분한 시간이다

덧붙이는 내용

이번 절에서 우리는 리서처가 성공적인 리서치를 준비하기 위해 수행해야 하는 많은 작업을 살펴봤다. 여기에서는 겉핥기만 한 것이고, 이 과정을 설명하고 최적화하는 데 할 수 있는 일이 더 많다. 또한 개인정보를 안전하게 다루는 법 등 다른 고려할 사항도 있다.

유저 리서치 진행에 필요한 과정은 『Building User Research Teams』에서 더 자세히 설명하고 있다. 아직 리서치 경험이 없는 게임 개발사에서 처음 리서치를 시작할 때 도움이 되는 내용이 있을 것이다.

게임 유저 리서치 진행하기

게임 유저 리서치 활동은 다른 유저 리서치 활동과 크게 다르지 않다. 전반적인 구조는 매우 비슷하며 다음 내용을 포함할 수 있다.

- 참여자에게 리서치 소개하기
- 참여자 심사 및 인터뷰 진행하기
- 과제 진행하기
- 참여자 인터뷰하기
- 리서치 마무리하기

각 단계에 포함되는 내용은 리서치의 목적과 방식에 따라 다르겠지만, 게임 관련 리서치를 진행하는 데 있어 적용되는 공통적인 주제가 몇 가지 있다.

이번 영역에서는 유저 리서치의 각 단계를 간략하게 설명하며, 게임 유저 리서처가 고려해야 하는 리서치 계획 및 진행방식을 소개한다.

세션 시작

이전 영역에서 언급한 것처럼 참여자들이 건물에 도착하면 안내 사항을 전달받을 수 있도록 참여자들과 건물 안내 데스크에 미리 내용을 전달해야 한다. 보통은 리서처가 사람들을 모아 데려올 수 있도록 대기하고 있다. 많은 스튜디오에서는 해당 시점에 참여자들에게 핸드폰 같은 녹음이나 녹화할 수 있는 장치 수거를 요청해 정보 유출에 대한 가능성을 최소화한다.

참여자들을 리서치 장소로 데려올 때 이 상황은 그들에게 일반적이지 않으므로, 긴장하고 있음을 기억하면서 친절하게 대해주자!

이전에 작성된 리서치 계획에는 세션 시작 시 참여자에게 전달해야 하는 정보가 있는데, 다음과 같은 내용이 포함된다.

- 본인(진행자) 소개
- 리서치에서 수집되는 데이터 종류 및 보관 방식, 참여자의 데이터를 수집하고 가공하는 것에 대한 허락 요청
- 비밀유지서약서NDA 설명 및 서명 요청

개인 정보 사용에 대한 해당 국가의 법을 미리 확인하길 권고한다. 북미 지역이 유럽보다 느슨하긴 하지만 우리에게는 참여자들의 어떤 정보가 수집돼 어떻게 사용되고, 활용 동의를 철회할 수 있는 방법을 알려줄 윤리적인 의무가 있다. 유럽 GDPR의 기준을 따른다면 도덕적인 연구로서 기본을 갖춘 셈이다. 또한 이때 비밀유지서약서 내용을 설명하는 것이 좋다. 비밀유지서약서가 무엇이고, 참여자들이 세션 내에서 참여한 내용에 대해 외부에 발설하면 안 된다는 점을 이해하는지 확인한다. 비밀을 지킨다는 것은 참여자들과 어느 정도의 신뢰가 필요하다. 이를 달성하기 위한 방법 중 하나는 참여자들에게 그들이 본 것을 비밀로 유지해야 하는 이유와 이를 통해 지속적으로 연구와 활동을 진행하며 게임을 발전시켜나갈 수 있음을 설명하는 것이다. 참여자들에게 비밀유지서약서 서명을 요청하고 복사본을 전달한다. 필요한 동의 내용을 받은 후, 리서처는 참여자들이 무엇을 해야 하는지 이해시키기 위해 테스트에 대한 소개를 진행하며 다음과 같은 내용이 포함된다.

- 세션 시간 동안 어떤 내용이 진행되는지에 대한 안내 및 질의 응답 시간을 마련한다
- 본인(진행자)과 게임 간의 이해관계 – 본인이 게임 개발에 참여하지 않았으며 참여자가 솔직하고 신랄한 피드백을 주는 데 있어 상처받지 않을 것임을 전달한다.
- 참여자들을 평가하는 것이 아니라 게임을 평가하는 것이기 때문에 플레이 중 기대보다 어렵거나 쉬운 것이 있다면 주저 없이 의견을 말할 것을 요청한다.
- 소리 내어 생각하기(방법론 영역에서 다뤘듯이)가 필요한 리서치라면 이에 대해 설명한다.

이 과정에 대한 기본적인 템플릿은 웹사이트(www.BuildingUser ResearchTeams.com)에서 무료로 사용할 수 있다.

세션 진행 시

유저 리서치 세션의 세부 사항은 연구 설계에 전적으로 달려 있으며 표준화하기 어렵다. 아마도 게임 유저 리서처가 수행하는 가장 흔한 리서치는 플레이어 행동과 감정에 대한 이해를 얻기 위해 진행하는 관찰이나 설문을 함께 활용한 일대일 사용성 테스트, 여러 참여자를 대상으로 진행하는 플레이 테스트의 형태일 것이다.

대부분의 리서치에서 리서처는 구두 또는 설문을 통해 참여자가 이 연구에 적합한 유형인지 확인하려고 몇 가지 질문으로 시작하는데, 그들이 게임을 얼마나 플레이하고 어떤 게임을 플레이하는지 등 일상적인 플레이 습관에 대한 질문이 될 수 있다. 이를 통해 리서처는 참여자들의 행동에 대해 테스트에서 찾아낸 내용을 문맥적으로 연결할 수 있다.

대부분의 테스트는 참여자들에게 연구 설계에 나타나 있는 활동을 수행하도록 요청한다. 이런 활동은 "집에서 하는 것처럼 게임을 해보세요."처럼 광범위할 수 있다. 조금 더 구체적인 활동을 진행하려면 참여자들에게 진행해야 할 항목이 적혀 있는 유인물을 나눠줄 수 있다. 그리고 그들이 이해했는지 확인하기 위해 소리 내어 읽어 달라고 요청할 수 있다.

"보유한 제트팩을 업그레이드 해보세요." 같이 일부 항목은 성공 혹은 실패의 결과로 나타날 수 있다. 이러한 항목을 포함한다면 참여자들에게 그들이 해당 항목을 수행했다는 생각이 들 때 말해달라고 할 수 있다. 이 방식으로 진행하면 진행자가 관찰을 통해 항목이 완료되지 않았을 때 완료됐다고 실수로 응답하는 경우를 피할 수 있다. 그리고 활동 항목을 설계할 때 플레이어가 게임에서 얻지 않은 정보를 제공하지 않도록 주의해야 한다. "제트팩을 업그레이드하기 위해 일시 중지 메뉴를 누르세요."라고 이야기하면 플레이어가 업그레이드할 수 있는 메뉴를 알려주는 것이므로, 이 과정에서 어떤 사용성 문제가 발생하는지 밝혀내지 못하게 된다.

리서치 활동은 대개 참여자들이 게임에서 진행한 내용에 대한 이해와 생각을 조사하기 위해 인터뷰로 끝마치는 경우가 많다. 이를 통해 리서처들은 참여자들이 게임 진행 방식에서 이해하지 못하는 부분이 어디이고, 추가적인 사용성 문제가 발생되는 구간을 찾아낼 수 있다.

세션 진행하기

많은 리서치의 경우 연구자가 세션을 진행하게 되는데, 참여자들과 상호작용을 하며 활동 진행을 돕거나 질문을 하기도 한다. 진행자는 많은 연습을 통해 참여자들의 자연스러운 행동이나 생각을 침해하지 않는 적당한 수준으로 친근함과 개방적인 태도를 유지할 수 있게 된다.

진행자들은 세션을 진행하는 동안 중립을 유지해야 한다. 참여자가 제기하지 않은 새로운 아이디어를 토론에 도입해서는 안 되며, 참여자의 의견을 확인하거나 무시하면 안 된다. 진행자가 본인의 의견을 제시하지 않는 것이 가장 중요하다. 이 경우 참여자가 본인의 의견을 바꾸거나 솔직한 생각을 공개적으로 공유하지 않도록 사회적 압력을 가할 수가 있다. 중립적인 태도를 유지하지 못하면 참여자로부터 얻게 되는 데이터가 편향될 뿐 아니라 리서처가 도출한 결론과 객관성에 대한 게임팀의 신뢰도를 떨어뜨려 리서치의 영향력을 감소시킬 수 있다. 그러나 진행자는 세션을 진행하는 동안 침묵을 유지하면서 앉아 있어서는 안 되며, 참여자들과 활발히 교류하고 관찰된 내용을 확인하고 설명해야 한다. 리서처들이 참여자들의 머릿속을 들여다볼 수 있는 것은 아니기 때문에 플레이어들이 왜 보이는 것처럼 행동하는지 이야기할 수 없으며, 그 이유를 추측하는 것 또한 위험하다. 플레이어가 잘못된 방향으로 향할 수도 있지만 질문을 하지 않고서는 그 행동이 의도된 것인지 아닌지, 그리고 왜 그렇게 행동했는지 절대 알 수 없다. 디자이너들이 해당 문제의 개선 여부나 개선 방향을 결정하는 데 있어 꼭 필요한 정보다.

그러므로 리서처들은 그들이 관찰한 내용을 확인하고, 플레이어로부터 왜 그런 방식으로 행동했는지 정보를 얻어 보완해야 한다. 이를 달성하기 위해서 진행할 때 추가 정보를 제공하지 않고 정보를 끌어낼 수 있는 담담하지만 면밀한 질문을 준비해야 한다. 다음과 같은 질문이 포함될 수 있다.

- 현재 게임에서 무엇을 하고 있나요?
- 여기서 무슨 생각을 하고 있나요?
- 목표가 무엇인가요?
- 그것을 해야 한다는 것을 어떻게 알게 됐나요?

이런 후속 질문을 통해 참여자들의 답변을 적정한 깊이까지 탐구해야 하며, 중간에 조용히 듣거나 참여자의 발언을 반복하는 등의 화법을 통해 참여자가 더 많은 이야기를 할 수 있도록 기회를 조성한다.

리서처가 참여자들로부터 충분한 양의 정보를 받고 있는지 알 수 있는 팁 한 가지는 사전에 게임팀이 의사결정을 하기 위해 필요한 정보가 무엇인지 예측하는 것이다. 플레이어의 행동을 단순히 관찰하는 것뿐 아니라 충분한 질문을 통해 왜 그들이 그러한 행동을 했는지 이해하고, 플레이어가 이해하는 게임의 상황과 게임의 어떤 요소를 통해 그렇게 이해하게 됐는지 알아내는 것이다. 그리고 참여자가 그 다음으로 어떤 행동을 하는지 관찰하는데, 이는 문제를 스스로 해결했는지 등을 보는 것이다. 게임팀이 필요로 하는 정보를 숙지하고 있다면 진행자가 추가 질문을 해야 할지, 조용히 참여자의 이야기를 들어야 할지 알 수 있을 것이다.

진행자들이 자주 쓰는 또 다른 기술 중의 하나는 게임에 대해 전문가가 아닌 척하는 것이다. 이렇게 하면 참여자가 자신이 바보처럼 보일까 봐 하는 걱정을 줄여줄 것이며, 본인들의 생각과 이해를 공유하도록 격려할 수 있다. 참여자를 분석하는 전문가처럼 행동하기보다 겸손한 태도를 보이는 것이 더 친근한 분위기를 조성하고 참여자의 자연스러운 행동을 이끌어낼 것이다.

방법론을 다룬 영역에서 살펴봤듯이 많은 유저 리서치에서 한 명의 진행자가 여러 명의 플레이어를 동시에 관리, 감독한다. 이 경우 상호작용이 일대일 관찰보다 적게 발생하지만, 동일한 스킬이 적용된다. 플레이어가 본인의 생각을 공유하기에 편안한 환경을 만들어주고, 필요 시 질문을 하기 위해 적절히 개입해야 한다.

세션 중에 데이터 수집

세션 중에 포착하는 데이터를 통해 상당히 많은 양의 데이터를 확보할 수 있다. 이 중 일부는 게임 내에 축적되는 데이터나 플레이어가 작성하는 설문 데이터를 통해 자동으로 수집된다. 다른 종류의 데이터는 리서처가 플레이어의 행동을 관찰하거나 인터뷰에서 응답을 수집해 포착해야 한다.

세션을 진행함과 동시에 실시간으로 응답을 받아 적으면 정확한 정보를 확보하지 못할 수도 있어 다른 리서처가 받아 적거나 세션 이후에 녹음본을 다시 들어보면서 기록하기도 한다. 세션 진행 당시 필기할 때 해당 내용이 어떤 참여자에 해당하는지, 어느 시간에 발생한 내용인지를 함께 적으면 추후에 녹음본에서 해당 구간을 찾기 수월하다. 일부 프로그램은 타임스탬프를 자동으로 추가해주기도 하고, 어떤 리서처는 자체 제작한 스크립트나 키보드에 단축키를 등록해 활용하기도 한다. 현장에서 작성한 필기가 불완전할 때 녹음본과 대조할 수 있도록 대비해두는 것이 도움되며, 또한 추후에 문제를 더욱 잘 전달하기 위해 동영상의 스크린샷을 찍는 경우에도 활용할 수 있다.

리서치 세션에서 필기할 때는 발생하는 모든 내용을 적으려고 하는 것이 좋은 연습이 될 수 있다. 이는 분석 전에 어떤 내용이 더 중요한지 고민하는 과정을 없애준다. 필기와 동시에 각 내용의 가치를 평가하는 것은 관련된 정보를 놓치게 할 수 있다. 과하게 필기하는 편이 안전하며, 분석 과정의 일환으로 노트 내용의 중요도를 가려내는 별도의 시간을 갖는 것이 좋다. 관찰한 내용을 적을 때 해당 사건 이후에 일어나는 일을 함께 적으면 문제의 우선순위를 평가할 때 도움이 된다. 만약 플레이어가 방황하다가 15초 이후 다시 해결 방법을 찾는 경우에는 플레이어가 20초 이상 동안 방황하는 경우에 대비해 중요도가 낮게 책정될 수 있다. 각 문제의 해결과정을 포착하면 문제의 우선순위를 지정할 수 있다.

우리는 앞서 게임 개발이 시간에 얼마나 민감한지 알아봤으며, 그렇기 때문에 모든 리서치 세션을 전체적으로 다시 보기에는 시간이 부족한 경우가 많다. 고품질로 노트 필기를 하면 결과를 더 빠르고 쉽게 전달해 게임 디자인 결정에 영향을 줄 수 있다.

연구의 준비과정과 관련된 내용에서 다뤘듯이 마인드맵은 더 빠른 분석에 적당한 형태로 활용될 수 있어 노트 작성 시간을 아낄 수 있다. 이에 대한 자세한 내용은 이전 저서인『Building User Research Teams』에서 확인할 수 있다.

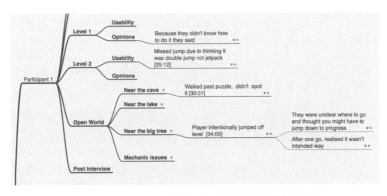

마인드맵 작성을 통해 데이터 확보와 분석을 빠르게 진행할 수 있다.

리서치 마무리하기

모든 활동이 끝난 후에 리서치에서 검증이 필요한 요소를 모두 다뤘는지 돌아보며 세션을 마무리한다. 참여자들에게 어떤 데이터가 수집되며, 수집 동의를 철회하기 위해 무엇을 해야 하는지 등 세션 초반에 이야기한 동의서 내용을 한 번 더 상기시키는 것이 좋다. 또한 그들이 서명한 비밀유지서약서와 관련된 내용을 한 번 더 말해주는 것이 합리적이다.

참여자들은 보상을 받는 절차도 궁금해할 것이다. 세션 직후에 현금으로 보상받는지, 계좌로 송금되는지 등 해당 내용을 설명해주고, 참여자들의 추가 질문에 비밀유지서약이 허용하는 범위 내에서 성실히 응답해 주자. 리서치에 설계된 세션을 모두 진행하고 나면 많은 데이터가 수집돼 있을 것이고, 이제 분석을 진행할 차례다.

게임 유저 리서치 결과 분석하기

분석이란 원시 데이터를 개발팀이 활용할 수 있도록 잘 정리하는 과정을 말한다. 정리된 결과물은 개발자가 올바른 의사결정을 하고, 유저에게 더 나은 게임 경험을 제공할 수 있을 만큼 충분한 정보를 제공한다.

　게임 개발은 아주 빠르게 진행되기 때문에 리서치 결과를 늦게 전달하면 리서치 효과가 떨어질 수 있다. 테스트 과정을 개발팀이 함께 관찰하도록 함으로써 리서치 결과에 대한 개발팀의 이해와 신뢰를 높일 수 있다. 테스트 과정을 개발팀이 참관한 경우 리서치가 끝나자마자 분석 과정을 기다리지 않고 발견한 문제점을 바로 수정하려고 할 위험이 있다. 리서치 결과를 분석해야 올바른 의사결정을 할 수 있는 데이터를 얻을 수 있기 때문에 분석 과정 없이 바로 의사결정에 들어가면 또 다른 실패를 마주할 수 있다. 참관 과정에서 발생할 수 있는 이러한 문제를 해결하기 위해선 분석 과정이 빠르고 정확해야 한다. 다시 한번 말하지만 필자는 『Building User Research Teams』책에서 마인드맵으로 분석 과정의 속도를 높일 수 있음을 기술한 적이 있다.

　많은 게임 스튜디오에서 보통 규모 리서치를 효율적으로 분석하면 24시간 정도가 소요된다. 그러나 필요한 경우 좀 더 정확한 분석을 위해 분석 과정에 시간을 더 할애할 필요가 있다. 잘못된 분석 결과는 게임 개발팀과의 신뢰를 무너뜨리고, 개발 과정에서 유저 리서치가 활용되는 것을 방해할 수 있기 때문이다.

의도한 대로 유저가 경험했는지 파악하기

분석 과정은 리서치 설계에 따라 달라진다. 보통은 관찰 노트, 인터뷰 스크립트, 설문 데이터 같이 리서치 과정에서 수집한 원시 데이터를 훑어보는 것에서부터 시작한다. 이 과정에서 리서처는 유저의 경험이 개발자가 의도한 것과 다르게 흘러가는 지점을 파악하고, 왜 그러한 현상이 일어났는지를 알기 위해 데이터를 깊게 파고든다.

유저의 경험이 어디에서 잘못됐는지 확인하려면 본래의 게임 디자인에 대해 알아야 한다. 따라서 리서처는 게임을 이해하고 개발자의 의도를 파악하는 데 충분한 시간을 들여야 한다.

게임이 의도한 대로 작동하는 지점을 이해하고, 이에 대해 개발팀과 잘 소통하는 것 역시 중요하다. 이를 통해 개발자들이 의도한 대로 유저가 경험하는 부분을 해칠 수도 있는 방향으로 게임을 개선하는 것을 방지할 수 있다.

분석은 모든 리서치 노트를 읽어보고, 문제와 관련된 노트를 구분하고, 리서치 주제와 관련이 없거나 유용한 데이터를 추출할 수 없는 데이터를 삭제하는 과정에서부터 시작한다. 이러한 과정은 리서치 목표에 따라 데이터를 태그하거나 그룹화하면서 진행할 수 있다. 예를 들어 모든 리서치 결과를 레벨 1그룹에 둔 뒤, 좀 더 중요한 발견을 주는 결과를 높은 레벨 그룹으로 올리는 식으로 진행할 수 있다.

그런 다음 각 그룹에서 도출된 문제를 파악한다. 일부 발견은 다른 유저나 다른 게임 지점으로부터 나온 데이터지만 같은 현상을 내포할 수 있다. 반면에 일부 발견은 같은 유저로부터 나왔지만 다른 문제일 수 있다. 하나의 발견이 한 개 또는 그 이상의 문제를 포함할 때 이를 잘 정리하기 위해서는 개발팀이 해당 결과를 받는 상황을 생각해보면 도움이 된다. 개발팀이 해당 문제에 별도의 해결책을 마련해야 하는지 또는 하나의 해결책으로 모든 문제를 해결할 것 같은지를 생각해볼 수 있다.

예를 들어 가상의 게임에서 다음과 같은 세 가지의 발견이 나온 상황을 가정해보자.

1. 유저들은 튜토리얼에서 제트팩의 시각적 힌트를 보지 못해 어디에서 제트팩을 사용할 수 있는지 알지 못했다.

2. 유저들은 제트팩 조종방법을 잊어서 진행자의 개입 없이는 제트팩을 사용하지 못했다.

3. 유저들은 안내문을 보지 못해서 레벨 3에서 제트팩을 사용할 수 있는지 몰랐다.

1번, 3번의 관찰 결과는 각각 게임 내 다른 시점에서 발생했지만 유저가 게임 내 신호를 놓쳐서 발생했으므로 같은 문제일 수 있다. 반대로 2번 관찰 결과는 제트팩과 관련된 문제라는 점에선 같지만, 제트팩 사용방법을 기억하지 못해 발생한 문제이기 때문에 다른 두 개와 다른 문제로 봐야 한다.

모든 문제가 도출될 때까지 모든 원시 데이터를 검토해야 한다.

유저 리서치 결과 기술하기

게임의 어느 지점에서 유저의 경험이 개발자가 의도된 것과 달라졌는지 밝혀낸 이후에는 왜 그러한 현상이 일어났는지 이해하고 설명하기 위한 추가 분석 작업이 필요하다. 문제가 무엇인지 알아내고 그 이유도 함께 설명해야 개발자가 문제를 고치기 위해 올바른 의사결정을 하도록 도울 수 있다. 이러한 지점에서 유저 리서치가 비공개 테스트보다 가치가 있음을 보여줄 수 있다.

문제의 원인을 설명하기

문제를 잘못 기술한 예로는 '동굴 근처에서 퍼즐을 푸는 방법이 명확하지 않다'가 있다. 왜 퍼즐이 명확하지 않은지, 개발자가 의도한 경험을 만들기 위해서는 무엇을 해야 하는지 알 수 없다. 문제가 어떤 이유로, 어떻게 일어났는지 설명되지 않았기 때문에 개발팀은 문제를 해결하기 위한 적절한 방법을 찾아내기 어렵다.

찾아낸 결과의 완성도를 높이기 위해선 문제의 원인을 기술해야 한다. 문제의 원인은 게임의 어떤 요소가 문제를 일으켰는지를 포함해야 한다. 하나의 문제에 여러 개의 원인이 있을 수 있다. 원인은 게임 내 요소 관점에서 볼 수도 있고(퍼즐의 색이 배경과 거의 유사했다), 해당 과정에서 유저가 느끼는 경험의 측면에서 설명될 수도 있다(이전 단계에서 다음 단계로 넘어가기 위해서 굳이 풀지 않아도 되는 퍼즐이 존재했다).

문제의 원인은 유저가 아니라 게임 내 요소와 관련해서만 기술돼야 한다. 만약 문제의 원인이 유저 입장에서 기술된다면(유저는 이해하지 못했다 등등) 이는 해당 문제가 이해하기 어려웠다는 결과만을 말해줄 뿐이므로, 게임 내 어떤 요소를 유저가 이해하기 어렵게 만들었는지에 대해서 또다시 고민해야 한다.

이런 경우 앞서 언급했던 퍼즐 문제를 기술하는 좋은 예는 다음과 같다.

> 동굴 근처에서 퍼즐을 푸는 방법이 명확하지 않다.
>
> - 원인: 퍼즐이 콘크리트 벽 위에 회색으로 표현돼 있어서 벽과
>   구분하기 어렵다.

방금 같은 예시에서 원인은 퍼즐과 관련해서 잘못 구현된 지점을 명확히 묘사하고 있으며, 개발자에게 직접적인 개선 방안을 생각할 수 있게 한다. 잘 기술된 원인은 왜 그러한 문제가 일어났는지를 실제 경험에 비춰 명확히 설명해야 한다. 잘못 기술된 원인은 배경 지

식에만 의존하거나 리서처가 똑똑해 보이게끔 만든다. 예를 들어 '원인: 퍼즐의 외형이 닐슨의 첫 번째 휴리스틱 원칙과 게슈탈트 원칙을 위배한다' 같이 원인을 기술하는 것은 아무에게도 영감을 주지 못하고, 개발팀이 문제를 해결하기 위해 적절한 해결책을 찾는 것을 방해한다.

문제에 대한 올바른 원인을 탐색하고, 적합하지 않은 다른 잠재적인 원인을 적절하게 배제하기 위해서는 테스트를 진행하는 동안 섬세한 인터뷰 역량이 필요하다. 앞서 설명했듯이 테스트 진행자는 자신의 주관에 의존하는 것이 아니라 테스트를 진행하는 동안 각 문제의 원인을 탐색하기 위해 자신의 리서치 가설을 제시하고 그것이 맞는지 테스트해야 한다. 많은 문제 원인은 그 당시 유저들이 무슨 생각을 하고 있는지 이해하지 못하면 밝혀내기 어렵다.

문제로 인한 결과 설명하기

문제로 인한 결과를 설명하는 것은 해당 문제의 중요성을 설명할 때 매우 유용하다. 유저에게 작은 불편함을 느끼게 만드는 문제와 게임 플레이 동안 반드시 경험하게 되는 문제는 분명히 다르게 다뤄야 한다. 게다가 많은 게임에서 실패도 의도된 경험일 수 있기 때문에 문제인지 아닌지를 파악하기 위해 해당 문제로 인한 실패의 정도를 함께 기술해야 한다. 이를 포착하려면 해당 문제가 유저에게 미친 영향력을 설명해야 한다. 원인과 다르게 문제의 결과는 유저 경험의 측면에서 개발자가 의도한 경험과 얼마나 다른지 기술해야 한다.

문제 결과 작성 예시는 다음과 같다.

> 동굴 근처에서 퍼즐을 푸는 방법이 명확하지 않다.
>
> - 원인: 퍼즐이 콘크리트 벽 위에 회색으로 표현돼 있어서 벽과 구분하기 어렵다.

- 결과: 유저는 올바른 방식으로 퍼즐을 찾지 못했으며, 동굴 탐험을 계속했다.

- 결과: 유저는 동굴 안으로 들어가는 방법을 알지 못했으며, 30분 동안 왔던 길을 되돌아갔다. 다음을 진행하기 위해 진행자의 도움이 필요했다.

이 예시를 보면 개발팀이 의도한 대로 유저가 경험했는지 확인할 수 있도록 유저가 문제를 극복하는 데 걸리는 시간도 기술했다. 사전 리서치 준비를 충분히 했다면 리서처는 각 문제가 개발자들이 의도한 경험과 얼마나 다른지 파악할 수 있으며, 각 문제의 중요도를 파악하는 데 도움을 줄 수 있다.

앞선 예시와 같이 원인과 결과를 기술하는 표준화된 기준을 사용한다면 유저 리서처로서 개발팀에게 필요한 모든 정보를 리서치 결과에 담았는지 확인할 수 있으며, 문제를 해석하는 시간을 단축시킬 수 있다.

문제를 기술할 때 리서처는 문제에 대한 잠재적인 해결책을 작성하는 것이 아니라 문제 상황에 집중해 작성하는지 확인해야 한다. 이렇게 해야 하는 이유는 보고와 관련된 절에서 좀 더 자세히 다루겠지만, 간단히 말하자면 리서처가 고안한 해결책은 전문적이지 않아 보일 수 있고, 개발팀이 이전에 비슷한 문제를 해결하기 위해 사용한 방법과 현재 개발 일정에서 무엇이 현실적으로 가능한지 등이 고려되지 않았을 수 있기 때문이다. 적합하지 않은 해결책을 제시하면 오히려 리서처의 전문성에 대한 개발팀의 신뢰도를 떨어뜨릴 수 있다. 이와 관련해서 지키기 어려운 것 중 하나는 문제에서 해결책을 직접적으로 도출하지 않는 것이다. '해당 문제는 튜토리얼의 부재로 발생함'이라고 보고하면 마치 튜토리얼로 해당 문제를 해결할 수 있을 것으로 느껴지며, 또 다른 잠재적인 해결책을 떠올리는 데 방해가 된다.

문제를 명확한 이유와 결과로 완전히 설명되게 하려면 개발팀에 공유하기 전에 게임을 잘 알고 있는 리서처 동료에게 검토를 부탁하는 것도 좋은 방법이다. 동료들과 문제를 면밀히 검토한다면 개발팀의 신뢰를 쌓는 데 도움이 될 것이다.

문제의 중요도 정하기

사용성을 다루는 리서치의 경우 많은 문제가 발견될 수 있다. 문제를 해결하는 것은 개발팀의 새로운 일거리가 되고, 새로운 요소를 추가하거나 버그를 고치는 것 같은 다른 개발 작업과 병행하기 위해 적절한 시간 분배가 필요하다. 게임 개발은 개발 기간이 넉넉하지 않기 때문에 모든 문제를 고치기가 현실적으로 어렵다.

따라서 게임 유저 리서처는 각 문제의 심각도를 평가하고 개발팀이 작업 우선순위를 빠르게 결정할 수 있도록 도와야 한다.

신입 리서처의 경우 자신의 리서치 결과가 중요해 보이도록 모든 문제를 심각하다고 말하는 등 리서치 결과를 과대평가해 보고하고 싶은 마음이 들 수도 있다. 반대로 일부 리서처는 개발팀에게 부담을 주고 싶지 않아서 자신의 리서치 결과를 모두 중요하지 않은 것으로 축소해 보고하기도 한다. 두 가지 행동 모두 다 프로듀서가 작업 우선순위를 정하는 데 도움이 되지 않으며, 리서치팀의 신뢰도를 떨어뜨릴 수 있다.

객관적으로 리서치 결과를 보고하려면 각 문제의 심각도를 측정하는 표준화된 기준을 사용해야 하며, 이를 통해 문제 심각도 평가에 리서처의 주관이 개입되는 것을 막을 수 있다. 객관적인 리서치 결과를 통해 개발팀은 다른 개발 작업 일정을 고려해 문제를 해결하기 위한 작업 일정을 결정하기 수월해진다.

표준화된 기준으로 문제의 중요도를 측정하는 데 다양한 방법이 있는데, 많은 게임 스튜디오는 주로 내부의 기준을 따른다. 필자가 선호하는 방법은 '매우 심각, 심각, 중간 정도, 낮음'으로 구성된 4점 척도를 활용하는 것이다.

적절한 심각도를 도출하기 위해 필자는 「유저포커스Userfocus」에서 발행한 "How to prioritise usability issues사용성 문제의 우선순위를 정하는 법"6 기사에서 고안한 방식을 활용한다.

모든 문제는 '낮음' 단계에서부터 시작한다. 그 다음 각 문제에 대해 세 가지 질문을 한다. 질문에 '예'라고 응답할 때마다 심각도 단계를 하나씩 높인다.

게임 분야에 맞게 질문을 각색하면 다음과 같다.

- 유저가 다음 단계로 가기 위해서 필요한 요소인가?
- 문제를 해결하기 위해 진행자가 개입했는가?
- 유저가 문제를 해결한 이후 같은 문제가 다시 발생했을 때 피하는 법을 알고 있었는가?

일부 게임 스튜디오에서는 마지막 질문 대신 '테스트 동안 얼마나 자주 발생했는가?'를 사용하기도 한다. 이 질문 중 어느 것도 완벽하지 않다. 만약 유저가 문제를 한 번밖에 경험할 수 없었다면 이 다음에 유저들이 해당 문제를 극복할 수 있었는지에 대해서 판단하기 어렵다. 반면에 '얼마나 자주 발생했는가?'는 소규모의 질적 리서치에서는 신뢰할 수 없는 데이터일 수 있다. 어떤 질문이 리서치에 사용할 방법론에 가장 적합할지 고민하고, 일관된 질문을 사용하는 것이 문제의 심각도를 평가하는 데 가장 좋은 접근일 것이다.

이러한 질문은 사용성 테스트에서는 적합하지만 유저의 행동을 묘사해야 하는 리서치 방식에서는 맞지 않을 수 있다. 심각도 기준을 일

---

6   David Travis, "How to prioritise usability problems", 「Userfocus」, 2009(https://www.userfocus. co.uk/articles/prioritise.html)

관되게 결정하고 적용하는 것은 사용성 문제뿐만 아니라 모든 종류의 연구 결과에 중요하다. 다른 종류의 리서치에서는 다른 방식의 척도가 필요하다.

각 문제를 이해하고, 기술하고, 우선순위를 정함으로써 분석 과정은 마무리된다. 이후에는 개발팀과 공유할 일만 남는다. 개발팀에서 분석이 끝나기 전에 빠르게 결과 공유를 요청하는 일이 종종 있다. 예를 들어 테스트가 끝난 날 바로 직후처럼 말이다. 개발팀과 우호적인 관계를 맺기에 좋은 기회이지만 리서처는 항상 신중해야 한다. 분석하기 전에는 각 문제의 정확한 원인이 무엇인지, 또는 각 문제의 심각도가 어떠한지를 명확하게 알 수 없는 상태에서 너무 빠르게 결과를 공유할 시 개발팀이 잘못된 방향으로 가게 만들 수 있다. 결과를 온전히 분석하기 위해 시간을 들이는 것이 결국 더 좋은 게임을 만들고, 유저 리서치의 가치를 증명하는 데 도움이 된다.

결과 보고하기

이전 절에서는 유저 리서치 결과에서 문제를 도출하고 기술하는 방법을 다뤘다. 이후에는 이러한 문제를 해결하기 위해 올바른 의사결정을 할 수 있도록 개발팀과 정확하게 소통해야 한다. 리서치의 영향력을 높이기 위해 결과를 잘 전달하는 것 역시 리서치에서 중요하다.

보고는 두 단계로 이뤄지며 각 단계를 잘 구분해야 한다. 첫 번째로 리서치에서 배운 것을 잘 전달해야 한다. 그 후 결과 보고를 듣기 위해 여러 전문가가 한자리에 모였기 때문에, 발견된 문제를 해결하기 위해 무엇을 해야 하는지 논의할 수 있는 좋은 자리가 된다.

리서치 결과 공유하기

분석 후에는 리서치에서 발견한 내용을 이해하기 쉬운 언어로 잘 작성해야 한다. 리서치 설계가 리서치 목표에 적합했다고 가정하면 리서치 결과는 개발팀의 현재 우선순위와 관련돼 있을 것이다.

리서치 결과는 발표 자료나 워드 문서 같은 보고서의 형태로 발행될 수 있다. 단순히 보고서만을 보내기보다는 결과를 직접 발표한다면 청중이 문제를 더 잘 이해하도록 할 수 있다. 따라서 필요한 경우 비디오 및 스크린샷으로 지원되는 파워포인트나 구글 독스 같은 프리젠테이션에서 결과를 기술할 것을 권장한다.

스토리 QTE[7]가 잘 보이지 않을 수 있음

H 스토리 선택 옵션이 잘 보이지 않을 수 있음
- **원인**: 선택 옵션 버튼의 대비가 약하고 배경에 비해 잘 보이지 않음
- **원인**: 장면에 시간 제한이 있어 플레이어가 빠르게 반응하도록 유도함
- **원인**: 선택 후 확인 메시지가 표시되지 않음
- **영향**: 플레이어가 선택 가능한 옵션의 범위를 인지하지 못한 채 중요한 결정을 내리게 됨
- **영향**: 플레이어가 의도치 않게 스토리에서 중요한 결정을 내릴 수 있음

스토리를 선택할 때 두 가지 선택 영역이 잘 보이지 않을 수 있음

사용성 문제를 다루는 보고 슬라이드 예시

보고서는 다음과 같은 내용을 담아야 한다.

- 리서치 목표를 상기시켜야 한다.
- 간략하게 방법론과 리서치 참여자를 설명해야 한다.
- 우선순위에 따라 각 문제를 차례로 설명해야 한다.

이후 리서치 결과에서 도출된 문제를 해결하기 위해 무엇을 해야 할지를 논의하는 체계화된 활동으로 넘어갈 수 있는데, 이후에 좀 더 설명하겠다.

개발팀에게 공유할 발표 자료나 보고 문서를 만들 때, 보고서에는 두 유형의 독자가 있다는 사실을 항상 명심해라. 첫 번째 유형은 발표를 듣고 있는 청중이며, 두 번째 유형은 발표 이후 보고서를 따로 받아보거나 리서처가 없는 상황에서 시간이 흐른 후 보고서를 다시 보

---

7 QTE: Quick Time Event의 약자. 게임 플레이 중 버튼을 누르라는 지시가 나타나며 제한된 시간 안에 버튼을 눌러야하는 요소. 버튼 액션이라고도 한다. – 옮긴이

려는 사람들이다. 따라서 보고서는 무엇을 테스트했으며, 어떤 빌드를 사용했고, 태스크가 무엇이었는지 같은 리서치 맥락에 대해서 충분히 기술해, 보고 발표 자리에 없는 청중 또한 보고서 내용을 잘 이해할 수 있도록 해야 한다.

직접 발표를 진행하면 그 자리에서 리서처가 보고서에 대해 질의응답을 할 수 있고, 이해가 안 되는 부분은 설명할 수 있어 보고하기에 최선의 방법이지만 항상 발표가 가능한 것은 아니며, 때로는 발표 없이 보고서만 발행되기도 한다. 따라서 보고서에서는 해당 문제에 대한 모든 맥락의 정보를 충분히 다루고, 개발팀이 보고서만 보고도 문제를 해결하기 위한 올바른 의사결정을 내릴 수 있도록 자세히 설명하는 것이 중요하다.

무엇을 할지 결정하기

게임 유저 리서치의 목적은 더 나은 게임을 만드는 것이다. 따라서 리서치 결과에서 확인한 것을 바탕으로 개선점을 도출해야 한다. 어떤 개발작업을 하고, 개발작업 간 우선순위를 매기는 것은 프로듀서의 일이기는 하나 토의를 시작하고 개발팀의 의사결정 과정을 도움으로써 리서처도 이 과정에 기여할 수 있다.

이상적인 과정은 다양한 아이디어를 발산할 수 있도록 한 뒤, 어떤 해결책이 가장 적합한지 평가하며 생각을 하나로 모으는 것이다.

일부 리서처는 보고서에 자신들의 제안 사항을 담기도 한다. 개발팀과 직접적인 의사소통이 어려울 경우 이러한 방식이 유용하게 활용될 수 있지만, 다소 위험할 수 있다.

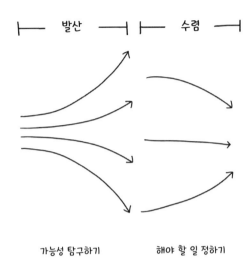

발산 ⊢—┤ ├— 수렴 —┤

가능성 탐구하기 　　　 해야 할 일 정하기

가장 좋은 해결책은 하나의 해결책에 몰두하기 전에 다양한 선택 사항을 고려할 때 나온다.

　유저 리서처가 유저의 행동을 깊게 이해하고 있을지라도, 유저 리서처의 제안 사항은 많은 해결책 중 하나일 뿐이며, 유저 리서치 외의 다른 전문 지식은 많이 부족할 수 있다. 예를 들어 프로듀서는 무엇이 제한 시간 내에 현실적으로 가능한지 알고 있으며, 디자이너는 심미적으로 무엇이 더 적절한 방안인지 알고, 개발자는 기술적으로 가능한 사안을 알고 있다. 유저 리서처의 제안은 이러한 각 분야의 배경 지식을 각각의 이해관계자들만큼 깊이 이해하지 않았을 수 있고, 전문 지식이 없는 해결방법처럼 보일 수 있다.

　유저 리서처가 해결책을 제시하면 이는 이후에 나올 다른 아이디어에게도 영향을 미치며, 새로운 아이디어의 깊이와 창의성을 제한할 수도 있다. 해결책을 제시하기보다는 문제 사항을 확실히 하는 방향으로 간다면 이러한 부작용을 방지할 수 있다. "유저가 게임 진행을 위해 이 퍼즐을 풀어야 한다는 것을 우리가 어떻게 확신할 수 있을까?"처럼 문제 사항을 제시하는 것은 "NPC가 유저에게 이쪽으로 가라고 안내해야 해" 같이 닫힌 해결책을 제시하는 것보다 창의적인 아이디어를 생각하는 데 도움이 된다.

　가능하다면 이상적인 해결책은 모든 이해관계자의 인사이트를 모아 도출할 수 있다. 모든 이해관계자의 스케줄을 맞추기가 매우 어렵기 때문에(이 때문에 테스트를 준비하는 기간 동안 보고 일정을 먼저 잡기도 한다) 이러한 방식이 항상 가능하지는 않다. 만약 모든 이해관계자가 함께할 수 있다면 모두의 해결책을 모을 수 있는 방법은 워크숍이며, 보고와 함께 동시에 진행할 수 있다.

　워크숍의 구조는 다음과 같다.

- 가장 높은 우선순위의 문제를 검토한다.
- 각자 5분씩 해당 문제를 해결할 수 있는 방안을 고민한다.
- 다른 사람들과 해결방안에 대한 아이디어를 공유하고, 각 아이디어를 평가하기 위해 짧은 토론을 나눈다.
- 필요에 따라 논의한 다른 아이디어의 요소를 통합해 추가로 검토해야 하는 안건에 투표한다.
- 추후 작업을 위해 프로듀서나 각 이해관계자들의 리더에게 도출된 안건을 배정한다.
- 남은 시간, 문제 또는 열정이 다할 때까지 다음으로 우선순위의 문제에 대해서 반복한다.

　이러한 형태의 워크숍을 진행할 때 리서처는 이 과정을 진행하거나 중재할 수 있고, 논의된 내용을 기록할 수 있다. 기록한 내용은 리서치 보고서와 함께 발송할 수 있다. 리서처는 관찰된 유저 행동과 맞지 않고 너무 쉬운 아이디어만 제시되는 것을 방지하는 역할도 할 수 있다. 이러한 아이디어의 일반적인 예시 중 하나는 튜토리얼이 나타날 상황에 대한 적절한 고려 없이 유저가 거의 읽지 않는 튜토리얼만 고치려고 하는 것이다.

이렇듯 해결책을 결정하는 이런 협력적인 방식을 통해 모든 이해 관계자가 잠재적인 해결책에 대한 의견을 입력할 수 있고, 리서치 결과에 대한 모두의 참여도를 높일 수 있으며, 더 나은 품질의 개발 결정 사항으로 이어질 수 있다.

최종적으로 개선 사항이 결정됐다 할지라도, 해당 문제가 정말로 해결됐는지 확인하기 위해 추가 리서치가 필요할 수 있다. 개발은 끊임없이 반복되는 과정이다. 하나의 리서치가 끝나더라도 가장 중요한 다음 리서치 주제가 무엇인지 발굴하고, 다음 리서치를 계속해서 계획해야 한다.

게임 유저 리서처가 하는 또 다른 일

높은 수준의 리서치를 하는 것은 중요하지만, 이것이 게임 유저 리서처가 가져야 유일한 능력은 아니다. 더 영향력 있는 리서치를 위해 리서처들은 신뢰를 구축하고, 사내 구성원들이 의사결정에 도움이 되는 증거를 기꺼이 받아들일 수 있도록 준비시키는 것이 필요하다.

이는 반드시 혼자서 일어나는 것이 아니기 때문에 유저 리서처는 증거 기반 의사결정의 전도사가 되어 동료들에게 리서치의 잠재력에 대해 교육해야 한다.

신뢰 구축

사내 구성원들의 신뢰를 얻는 것은 지속적으로 진행돼야 한다. 시간이 지나면서 위축되거나 새로운 사람들이 회사에 들어오고, 우선순위가 바뀌기도 한다. 유저 리서처는 그들과 지속적인 신뢰 관계를 구축하기 위해 노력해야 한다.

신뢰를 얻는 데 가장 좋은 방법은 고품질의 결과물이다. 이는 다음 내용을 뜻한다.

- 리서치 범위를 개발팀이 실제로 알고 싶어하는 것과 연관되도록 정의한다.
- 리서처의 주관적인 의견은 배제하고, 신뢰할 수 있고 출처가 확실한 데이터에서 도출한 결과만을 제공한다.
- 결론을 너무 성급하게 내리지 말고, 리서치의 한계점에 대해

가능성을 열어 둔다. 또 그 한계점을 개발팀에도 안내한다.

- 약속된 시간에 결과를 제공하고, 데드라인은 항상 지킨다. 유저 리서치는 충분히 합리적이고 다시 수행할 수 있는 형태로 설계한다.

- 사내 구성원들과 좋은 관계를 유지하고, 유저 리서치 과정이 불필요한 장벽이라는 생각이 들지 않게 돕는다. 그들의 요청에 도움을 줄 수 있는 일정이나 리소스가 없을 경우에는 명확히 설명하라.

신뢰를 얻는 것은 리서치를 수행할 수 있는 더 많은 기회를 만들어 유저 리서치의 영향력을 증가시킬 수 있다. 유저 리서치를 진행하는 것은 무료가 아니다. 단순한 리서치 수행 비용을 넘어서 리서치 결과에 대응하는 시간과 플레이 테스트를 위한 실행 빌드를 준비해야 하는 비용이 발생한다. 그렇기에 개발팀 입장에서는 리서치 수행에 저항이 생길 수 있다. 사내 구성원들의 신뢰를 얻는 것은 개발팀이 유저 리서치에 게임 개발 초반부터 기꺼이 비용을 투자하게 하고, 그 결과에 대응할 충분한 시간을 벌 수 있게 할 수 있다. 이것이 바로 유저 리서처가 더 나은 게임을 만드는 방법이다!

사내 구성원 교육

게임 스튜디오는 유저 리서치에 대한 경험이 거의 없는 상태에서 출발한다. 사용성 테스트 같은 평가적 리서치에 익숙한 스튜디오도 플레이어를 더 잘 이해하고 더 좋은 의사결정을 더 일찍 내릴 수 있게 하는 다양한 유저 리서치 방법에 대해서는 잘 모르는 경우가 많다.

유저 리서치에 익숙하지 않다는 것은 유저 리서치를 진행할 좋은 기회를 잃게 한다. 왜냐하면 게임팀이 어디서 도움을 받아야 하는지 모르고, 그걸 찾아 나설 만큼 적극적이지도 않기 때문이다. 개발팀 의사결정 시 리서처가 충분히 가까이에 없다면 리서치 기회가 있는지도 모를 것이고, 리서치는 수행되지 않을 것이다. 이는 그들이 나쁜 의사 결정을 하게 되는 원인이 될 수 있다.

이를 극복하기 위해서는 다음 방법과 같이 사내 구성원들을 대상으로 적극적인 교육이 필요하다.

- 사내 구성원들에게 리서치 방법을 소개하고, 그것이 게임 디자인 의사결정과 어떻게 연관되는지 설명하라.
- 좋은 리서치 사례를 블로그 포스트에 올리거나 뉴스레터를 통해 공유하라.
- 내부 팀 웹사이트를 만들어서 리서치 리포트나 리서치의 인사이트를 공유하라.
- 리서치와 관련된 재미있는 활동을 수행하라.
- 지금까지 진행된 다양한 리서치를 적극적으로 이야기하고, 핵심 결과 요약을 복도에 붙이거나 슬랙Slack 같은 공용 채팅방에 공유하라.

더 적극적인 유저 리서치에 대한 홍보물도 도움이 될 수 있다. 영국 정부의 디지털 서비스는 이러한 방식으로 많은 효과를 얻었다. 이 포스터와 스티커는 리서치와 디자인 원칙을 설명했고, 이는 큰 영향력을 만들어 냈다. '6주마다 2시간씩', '유저의 맥락을 이해합시다' 등으로 유저 리서치를 수행하고 참관하는 것의 중요성을 홍보했고, 유저를 위해 디자인하기 이전에 그들의 상황을 이해할 필요가 있음을 알렸다.

이렇게 공개적으로 유저 리서치와 관련된 포스터와 스티커를 활용해 리서치에 대한 긍정적인 소통이 일어나게 하고, 사내 구성원의 흥미를 이끄는 것도 좋은 방법이다.

게임 유저 리서치 포스터. 클로이 트루가 디자인했다. 웹사이트에서 컬러로 볼 수 있다.

　게임 스튜디오에서 유저 리서치를 홍보하는 데 활용할 수 있는 포스터와 스티커를 도서 웹사이트(www.GameUserResearch.com)에서 만나볼 수 있다.

　게임 설계 의사결정의 초기 단계에서부터 반복적인 테스트는 게임의 질을 높이는 데 잠재적으로 큰 도움이 된다. 이에 구성원 교육을 통해 유저 리서치는 한 번만 진행하거나 개발의 종료에 맞춰 진행하는 것이 아니라, 개발 초기부터 의사결정이 필요할 때마다 반복적으로 진행돼야 한다는 점과 그 가치를 알려야 한다.

신입 게임 유저 리서처를 위한 팁

이 절에서 우리는 게임 유저 리서처가 해야 할 많은 작업에 대해 다뤘다. 우리가 살펴본 것 같이 유저 리서처가 되는 것은 어려운 일이다. 리서치를 계획하는 것뿐 아니라 실행하고, 분석하고, 정리해 전달하기까지 해야 한다. 또한 리서치 결과의 가치를 증명하기 위해 다양한 분야와 긴밀하게 협력해야 한다.

리서치 업무를 하다 보면 신입 유저 리서처들이 겪는 몇 가지 실수가 있다. 이 절을 끝내기 전에 그 실수에 대해 설명하고, 신입 리서처들이 실수를 어떻게 피할 수 있는지와 실수 대신 더 흥미로운 것을 만들 수 있게 하는 방법을 소개하려 한다.

겸손하라

항상 겸손하라. 당신 스스로가 유저보다 혹은 개발팀보다 똑똑하다는 생각이 든다면, 이는 상황을 제대로 이해하지 못했을 가능성이 높다. 유저는 게임 개발 단계를 모두 보지 못했기 때문에 사용 시 문제를 겪는 것은 어쩌면 당연하다. 개발팀은 그들이 하는 일에 전문가다. 우리가 볼 때 너무 당연한 수정 사항이 있다 하더라도 그것에 대한 충분한 이유와 사정은 있다. 모두가 자신의 일에 최선을 다하고 있으며, 상황에 따라 타협이 필요하다는 점을 분명히 알고 있다. 그들이 무지하거나 근시안적이라고 생각하기 전에 개발팀의 현황과 제약 사항을 먼저 이해하고, 왜 그런 결정을 내렸을지 먼저 생각해 보길 바란다.

그렇지만 이것이 당신이 개발팀의 의사결정에 의문을 가지면 안 된다는 건 아니다. 유저 리서처로서 유저 행동에 대해 누구보다도 많은 정보를 갖고 있다. 그렇기에 항상 그 정보를 알맞게 모두 전달했는지를 생각하고, 개발팀이 모든 정보를 고려해 의사결정을 내릴 수 있게 돕길 바란다. 사내 모든 구성원은 더 좋은 게임을 위해 노력하고 있다는 사실을 잊지 마라.

적극적으로 나서라

사람들에게 유저 리서치의 결과를 잘 알리기 위해서는 노력이 필요하다. 앞서 다룬 것처럼 신뢰를 쌓는 것은 장기적인 프로젝트다. 하지만 리서치 결과를 서랍에 넣어버리고 잊어버리지 않게 만드는 중요한 요소다. 만약 유저 스터디의 결과를 다른 후속 조치 없이 개발팀에 리포트만 전달했다면 결과가 왜곡돼거나 일부는 무시될 수 있다. 이에 유저 리서처가 더 먼저 나서서 결과 리뷰 등을 통해 좋은 결과를 개발팀에 적극적으로 공유하고, 필요한 리서치를 꼭 진행할 수 있게끔 개발팀을 이끌어라. 개발팀이 리서치 내용을 모두 이해하고, 해당 내용을 적용한 후 다시 테스트할 수 있도록 격려하라.

구체적으로 말하라

항상 모호함을 피하는 것이 중요하다. 리서치 결과를 발표할 때는 그 이유를 이해하고 이에 대해 충분히 설명했는지를 확인해야 한다. 단순히 결과가 명확하다 혹은 불분명하다고 전달하기보다는 어떻게 하면 이것을 명확하게 할 수 있을지에 대한 방법을 설명하라. 유저 리서치를 하다 보면 유저 행동을 표현하는 데 다양한 모호함이 발생한다. 예를 들어 유저의 대표 타입인 페르소나persona를 만들 때 '재미있는 시간을 보내는 게 목표인 유형' 정도로 구분하는 건 충분히 구체적이지 않고, 다른 페르소나와 구분하기에도 충분한 정보를 갖지 못한다.

항상 개발자나 동료들이 좋은 결정을 내릴 수 있도록 충분한 세부 정보를 제공하고 있는지 스스로 생각하라.

개방적이 돼라

양질의 리서치를 하기 위해선 적절한 설계와 태스크를 바탕으로 앞으로 내릴 결론을 정당화할 수 있어야 한다.

우리는 개발팀에게 리서치 결과가 적절하고 왜곡돼 있지 않다는 믿음을 줄 필요가 있다. 이를 위해 우리의 결과가 다소 틀릴 수도 있다는 점을 함께 설명하는 것이 신뢰를 줄 수도 있다. 이것의 흔한 사례는 게임팀이 게임이나 레벨 간 점수 차이가 실제로 유의미하게 차이가 나는 것인지 이해하지 못하는 경우인데, 이는 책의 다음 장에서 자세히 다룬다.

한계점에 대해서 항상 솔직한 것이 리서치 결과에 대한 믿음을 쌓는 효과적이다. 또한 리서처 본인의 의견인 경우에는 객관적인 증거가 있는 내용과 구분해 주관적 의견이라는 점도 확실히 전달해야 한다.

게임 유저 리서처가 돼라

2장에서 살펴본 것처럼 게임 유저 리서처가 되려면 리서치를 충분히 잘 수행하고, 동료들과 좋은 관계를 유지하고, 게임 개발 과정 내 리서치를 어떻게 적절히 개입시킬지를 이해하는 등의 다양한 능력이 필요하다. 신규 리서처가 좋은 직장을 얻기 위해서는 이를 증명해야 할 것이고, 그 방법은 책의 후반부에서 다루게 된다.

3

게임 유저 리서처로
커리어 시작하기

게임 유저 리서처가 되기 위해서는 게임이 만들어지는 과정과 리서치를 수행하는 방법을 이해해야 한다. 그러나 이런 자질만으로는 게임 유저 리서처가 되기에 충분하지 않다. 일자리가 많지 않으며, 많은 사람과 경쟁해야 하는 어려운 시장이기 때문이다.

마지막 절에서는 취업을 어렵게 만드는 요인과 채용 프로세스, 그리고 게임 유저 리서처 직무에 가장 적합한 지원자가 되기 위해 개발해야 할 역량을 살펴본다.

또한 게임업계에서의 커리어와 관련해 단점을 같이 다룸으로써 게임 유저 리서처가 본인에게 적합한 직업인지를 결정하는 데 도움을 주고자 한다.

3장을 다 읽었을 때는 게임 유저 리서처 역할로 지원할 때 다양한 리서치 역량을 설명하는 법과 취업 가능성을 높이는 방법을 알 수 있다.

게임 유저 리서처 취업은 어렵다

처음 게임 유저 리서처로 취업하기는 매우 어려울 수 있다. 업계에 합류하는 데 관심 있는 주니어 수준의 사람들이 많으며, 일자리 수에 비해 관련 대학 과정을 이수하는 사람이 많아 경쟁도 치열하다.

이 책의 1장에서 다뤘듯이 게임업계에서 일하는 것은 매력적이고 흥미진진해 보이며, 게임업계 사람들의 열정도 느낄 수 있다. 이런 매력 때문에 사람들은 게임업계에서 일하고 싶어 하며, 게임업계에서 모든 분야의 신입 리서처 역할에도 관심이 많다. 게임 유저 리서처가 되기 위해 필요한 역량은 '게임을 프로그래밍할 수 있다'라거나 '전문적인 품질의 아트를 제작할 수 있다'보다는 비전문가에게 덜 구체적으로 보일 수 있다. 이 때문에 어떤 사람들은 게임 유저 리서처의 역할을 제대로 이해하지 못한 채 자신 있게 지원하기도 한다. 신입 게임 유저 리서치의 역할에 많은 사람이 지원하는 이유이기도 하다.

그러나 일반적으로 유저 리서치를 설계, 실행 및 분석 방법을 이해하고, 유저 및 업계 전문가들과 현명하게 의사소통할 수 있는 게임을 잘 이해하고 있는 지원자는 거의 없다. 이는 두 가지를 모두 보여줄 수 있는 사람이 지원자들 사이에서 두각을 나타낼 기회가 있음을 의미한다.

안타깝게도 게임 유저 리서처로 취업하기 어려운 이유는 경쟁률이 높은 것 때문만은 아니다.

현재 게임 유저 리서치 직업은 많지 않다. 많은 산업에서 유저 리서치는 소프트웨어 개발 과정의 필수적인 부분으로 인식한다. 안타깝게도 게임 분야에서는 아직 필수적인 부분으로 인식하고 있지 않으며, 많은 스튜디오가 아직 유저 리서처를 채용하지 않거나 프로젝트 개발의 후반부에만 아웃소싱에 의존하고 있다. 이는 현재 존재하는 역할은 대부분 시니어 리서처를 원한다는 것을 의미한다. 즉 프로젝트의 유일한 유저 리서처가 될 자신이 있고, 리서치를 수행하는 데 별도의 지원이 필요하지 않은 사람을 찾는 것이다. 이런 경향은 유저 리서치의 가치에 대한 인식이 높아지면서 점차 변화하긴 하겠지만, 지금 업계에 합류하려는 후배들은 선택할 수 있는 스튜디오의 수가 제한적이기 때문에 어려움이 되고 있다.

유저 리서치를 하더라도 적절한 시간과 지원을 해주지 않는 직무 역할도 주의해야 한다. 예를 들어 'UX/UI & 유저 리서처' 같은 광범위한 직무 설명은 위험 신호가 될 수 있다. 유저의 행동을 이해하는 데 관심이 있다는 공통점이 있지만, 유저 리서처가 되는데 필요한 역량은 UX 디자이너가 되는데 필요한 역량과는 다르다. 업무 소관이 넓다는 것은 각 분야를 잘 수행할 시간을 할애하기 어렵다는 것을 의미하며, 유저 리서치를 수행하기 위해 상사와의 충돌이 필요할 수도 있다. 유저 리서치는 특히 시간이 촉박할 때 중단하라는 압박감에 시달릴 가능성이 높으며, 이는 '우리가 와이어 프레임을 만들지 않았다'보다 '우리가 더 나쁜 결정을 내렸다'라는 것을 측정하기가 더 어렵기 때문이다. 광범위하고 다학제적인 직무에 대한 채용 공고는 팀의 리서치 성숙도가 낮다는 것을 나타낼 수 있으며, 우리가 중요하다고 여기는 고품질의 리서치 수행을 지지하지 않는다는 위험 신호일 수도 있다. 업계에 합류한 누군가는 대안이 없기 때문에 광범위한 역할을 거절하기가 쉽지 않다. 그 일이 어떨지 현실적으로 기대하는 것이 중요하다.

주니어 리서처 채용 공고 수를 기반으로 봤을 때 유비소프트, 플레이어 리서치, EA, 마이크로소프트, 소니 그리고 액티비전^{Activision} 같은 일부 대형 게임 스튜디오는 주니어 리서처 역할을 살펴보기에 좋은 곳이 될 수 있다. 아마존이나 구글 같은 빅테크 기업 분만 아니라 모바일 게임 스튜디오도 살펴보자. 기존 게임 스튜디오에 비해 소프트웨어 개발 과정을 앱 개발자와 더 가깝게 수행할 수 있고, 이 과정에서 유저 리서치를 통합할 준비가 더 잘 돼 있다. 커뮤니티에 적극적으로 참여하는 것도 적절한 기회를 찾는 데 도움이 될 것이다. 좋은 커뮤니티의 구성원이 되는 방법에 대한 더 많은 정보는 책의 뒷부분에 나온다.

게임 유저 리서치 일자리 수가 적기 때문에 게임 유저 리서치를 할 수 있는 곳은 한정적이다. 캐나다, 미국 서부 및 동부 해안, 프랑스 및 잉글랜드 남부가 대부분의 게임 유저 리서치를 수행하는 중심지다. 원격으로 일하는 일자리는 드물기 때문에 새로운 리서처 일자리를 제안받으면 이곳으로 옮겨야 할 가능성이 높다. 많은 이에게는 일상적인 삶 때문에 불가능할 수도 있다.

대부분의 일자리가 특정 지역에 한정돼 있다는 점은 게임 유저 리서치를 표현하는 데에 불행한 영향을 미친다. 게임 유저 리서치 일자리는 드물고 사람들이 집을 이사해야 할 수도 있기 때문에 이러한 역할에 지원하는 지원자는 커리어를 위해 이동할 수 있는 시간과 재정적인 안정이 있는 젊은 사람들에게 편향된다. 이 문제는 이 책의 앞에서 다룬 크런치 같은 문제로 인해 더욱 악화된다. 돌봐야 할 책임이나 가족과의 약속이 있는 사람들이 지원하거나 일자리를 얻을 수 있는 것을 배제한다. 시간이 지남에 따라 더 유연한 근무 시간, 원격근무 및 일자리 나누기로 업계가 적극적으로 인식하고 해결해야 할 사항이지만 아직은 일반적이지 않다.

이러한 모든 어려움 때문에 이 직업이 자신에게 적합한지를 진지하게 생각해야 한다. 유저 리서치를 하면서 더 많은 돈을 벌 수 있는 다른 업계가 많이 있으므로 우선순위에 대해 신중하게 생각하자.

게임업계에 지원하는 것을 미루지 않겠다면 계속 읽어보자. 어떻게 게임 유저 리서치 일자리에 지원하는 사람들 사이에서 눈에 띌 수 있는지를 알아본다.

게임 유저 리서처로 경험 쌓기

유저 리서처가 되려면 전문적인 역량이 필요하다. 채용 과정 전반에 걸쳐 이러한 역량을 입증해야 최고의 지원자가 될 수 있다.

　가장 중요한 역량은 유저 리서치를 성공적으로 계획, 실행, 분석 및 보고한 이력이다. 유저 리서처로 취업하려면 유저 리서처로 일할 수 있다는 것을 증명해야 하는데, 이 일은 유저 리서처라는 직업이 없으면 하기 힘들기 때문에 모순적인 상황이다. 도전적이다! 여기서부터는 이러한 경험을 습득하고 실천할 수 있는 몇 가지 방법을 살펴보겠다.

학력

게임 유저 리서처가 대학원 과정을 이수하는 것은 흔한 일이다. 2018~2019년 게임 유저 리서치 급여 조사에 따르면 게임 유저 리서처의 70% 이상이 석사 혹은 박사과정 같은 대학원 교육을 이수했다.[1] 유저 리서처들은 인간-컴퓨터 상호작용HCI, Human-Computer Interaction, 정보학, 인간공학ergonomics, 사회심리학, 사회학, 인류학 또는 미디어 리서치 과정 프로그램을 졸업했다.

　사회과학 석사과정이나 박사과정을 밟는 것은 실제 참여자들과 신뢰할 수 있는 리서치를 계획하고 실행할 수 있는 능력을 개발하는 데 도움이 되며, 리서치 결과를 밝히고 설명하는 데 있어 엄격함이 필요

1　Games Research and User Experience Special Interest Group, Salary Survey, 2019(https://grux.org/career/salarysurvey)

하다는 점을 강조한다. 사회과학 학위를 따려면 종종 인간 대상의 연구, 즉 데이터 수집을 위해 사람들과 상호작용하는 연구(예: 다양한 콘텐츠의 예고편을 본 후 게임을 플레이하려는 동기를 탐색하기 위한 실험 수행)를 수행해야 한다. 사용성 테스트와 플레이 테스트는 모두 인간 중심의 연구이기 때문에 사회과학 분야의 대학원 교육이 이러한 경험을 얻는 데 도움이 될 수 있다. 이런 경험과 학문적 연구가 촉진하는 엄격함이 실제 게임팀과 함께 일할 때 연구 결과에 대한 신뢰를 쌓는 데 도움이 되며 지원 시 지원자를 차별화할 수 있다.

많은 대학원 수업의 일부 과정에서 실제 리서치를 계획하고 실행하는 경험을 얻을 기회가 있을 것이다. 이 경험은 이력서와 취업에서 능력을 증명하기 위한 주요 대화 포인트에 포함시킬 수 있어 유용하다. 때로는 산학협력을 통해 실제 리서치 경험을 할 수 있다. 산학협력은 비학술적인 환경에서 작업하기 때문에 학계 밖의 직업에서도 적합한 후보임을 증명하는 증거가 될 수 있다. 모든 대학의 프로그램이 산학협력을 제공하는 것은 아니므로, 실제 경험을 개발하는 데 관심이 있다면 프로그램에 참여하기 전에 리서치를 진행하거나 프로그램을 운영하는 대학원의 책임자에게 그런 기회를 문의하자.

학업 기간은 나라마다 다르다. 일반적으로 대학원 과정은 두 가지 단계가 있다. 1년에서 2년 동안 지속되는 짧은 석사과정 또는 3년에서 5년, 혹은 그 이상 동안 지속되는 더 긴 박사과정이 있다. 박사학위가 적합할지는 진지하게 생각해봐야 한다. 박사학위는 오랜 기간 동안 전념해야 하는 일이고, 항상 석사과정을 밟은 사람보다 더 나은 지원자로 만들어주는 것은 아니기 때문이다. 몇 년 동안 한 과목에 대한 전문 지식을 개발했음에도 주니어 리서처 역할에 지원해야 한다는 점은 채용 시장에 진입하는 일부 박사들에게 실망과 환멸을 초래할 수 있다. 박사학위를 따는 데에는 많은 이유가 있는데, 가장 중요한 것은 리서치 주제에 대한 열망이다. 하지만 게임 유저 리서처 경력을 쌓기 위해 박사학위를 받는 것이라면 효율적인 시간 분배는 아니다.

노력할 준비가 된 사람들에게 대학원 공부는 유저 리서처가 되는 데 필요한 많은 역량을 개발하는 성공적인 방법이다. 그러나 학계와 업계 사이에는 준비해야 할 몇 가지 차이점이 있다.

학술적인 리서치의 한 가지 한계는 리서치의 시간 척도가 산업별로 다르다는 점이다. 이 책의 이전 장에서 다뤘듯이 게임 개발에는 엄청난 시간 압박이 있으며, 10~15일 안에 리서치를 계획하고 실행해 보고해야 할 수도 있다. 반면 학계에서는 윤리위원회에서 리서치를 실행할 수 있는지를 결정하는 데만 그보다 더 오래 걸릴 수도 있다. 제한된 리소스로 마감일까지 프로젝트를 실행할 수 있음을 입증할 다른 방법을 찾는 것이 면접 과정에서 필요할 수도 있다. 예를 들어 석사 또는 박사 졸업생은 논문을 제출하기 위해 촉박한 마감 시간에 작업하거나 연구실에서 리서처팀을 이끌면서 프로젝트 관리 기술을 개발한 방법에 대해 말할 수 있다.

두 번째 한계는 학술 연구에서는 질문을 매우 심오하거나 이론적인 수준에서 탐구하고 전문화한다는 것이다. 이 수준의 깊이는 "사람들이 이번 레벨을 완수할 수 있습니까?" 같이 리서치 목표가 단순해지는 업계에서는 적합하지 않은 경우가 많다. 실용주의와 엄격함 사이에서 적절한 균형을 찾고 제때 유용한 결과를 얻는 것이 학계에서 업계로 이동하는 데 필요한 문화적 변화일 것이다. 박사과정 졸업생은 이론 중심적인 작업을 덜 수행하는 데 익숙해져야 하며, 때로는 업계의 연구 방법이 게임팀에 정보를 충분히 알리는 것을 목표로 한다는 점을 인식해야 한다.

또 다른 점은 업계의 언어를 접근하기 쉽고 직관적으로 만들어야 한다는 것이다. 학계는 주제에 대한 전문성을 입증하기 위해 복잡한 단어와 빽빽한 글을 사용하는 것으로 유명하다. 이는 게임팀이 리서처가 주장하는 바를 이해하는 데 방해가 되고, 연구 영향을 줄이게 될 것이다. 짧고 간결한 문장과 명확한 언어는 업계에서 일하는 데 필수적이다. 직관적으로 핵심을 짚는 것을 목표로 하자.

이러한 차이점과 관련된 추가 작업을 인식하면 학계는 인간 중심의 리서치를 수행하는 데 필요한 역량을 개발하는 좋은 장소가 될 수 있으며, 취업 면접에서 참고할 수 있는 훌륭한 사례를 만들 수 있다.

다른 업계의 유저 리서처로 취업하기

다른 업계에서 유저 리서처로 취업하는 것은 게임 유저 리서처로 일할 수 있음을 가장 직접적으로 보여주는 방법이다. 사내 혹은 에이전시 리서치팀에서 일하려면 개요를 정의하고, 리서치를 계획 및 실행하고 보고까지 할 줄 알아야 한다. 이는 게임 유저 리서처로 일할 수 있다는 환상적인 증거가 된다. 지원자의 이런 경험은 면접관에게 상업적인 환경에서 일할 수 있다는 확신을 심어줄 것이다.

책의 앞부분에서 설명했듯이 게임에서의 유저 리서치와 다른 업계에서의 유저 리서치는 약간의 차이점이 있다. 하나는 리서치 목표의 유형이다. 태스크 수행에 걸리는 시간과 효율성은 다른 소프트웨어 산업에서는 중요할 수 있지만 게임 같은 엔터테인먼트 경험을 설계할 때는 관련이 없다. 또한 다양한 리서치 목표 유형에 따른 방법론적인 차이도 있다. 한 일화로 나는 또한 게임 유저 리서치와 다른 산업분야의 유저 리서처 간 대화에서 꽤 큰 차이를 발견했다. 게임 유저 리서처 사이에서는 결과에 대한 정확성과 검증 가능한 증거(신뢰를 쌓기 위한 것이어야 함)가 업무의 핵심이었다. 반면 게임 외 산업은 약한 증거를 덜 도전적으로 받아들이며, 행동에 대한 증거보다 리서치가 어떻게 더 유저에게 공감을 불러일으키는지에 초점을 맞추고 있다. 다만 이것은 필자의 일화적인 경험일 뿐이며, 모든 곳에서 그렇지 않을 수도 있다. 그렇다 하더라도 게임 유저 리서처와 대화할 때는 결과물에 대한 증거를 엉성하게 다루지 않는 게 좋을 것이다.

이러한 차이점을 이해하면서 게임과 게임 제작 방식, 그리고 인기 있는 게임 타이틀을 참조하는 것을 발전시킨다면 어떤 게임 유저 리서치 역할에도 매우 강력한 지원자가 될 것이다.

이 방법이 꼭 쉬운 방법은 아니다. 어떤 산업계에서도 주니어 유저 리서처로 취업하기는 쉽지 않다. 다만 다른 분야에서 일을 하고, 더 많은 경험을 쌓은 후 이직하는 것은 게임 유저 리서처가 되고 싶은 사람들에게는 더 많은 기회를 열어줄 수 있다.

게임업계의 다른 직업으로 취업하기

과거에는 모든 게임 역할에 인기 있는 방법은 품질 보증^{QA}으로 시작하는 것이었다. 책 초반에서 다뤘던 것처럼 일부 주니어 QA의 역할은 게임에서 초급 레벨의 역할이 될 수 있으며, 빌드를 끝없이 플레이하고 다시 플레이해서 버그를 찾는다.

10년 전만 해도 이 방법이 게임산업을 배우고, 게임 디자이너나 유저 리서치 같은 다른 역할로 전환하는 현명한 방법이었다. 사실 일부 환상적인 유저 리서처들은 QA에서부터 시작했다. 하지만 지금은 이런 방법을 통해 게임 유저 리서처가 될 수 있는 안정적인 방법으로 추천하지는 않는다.

QA에서 일하는 것은 리서치를 계획하거나 수행하는 역량을 개발하거나 입증하는 데 도움이 되지 않는다. 게임 유저 리서치 분야와 관련된 학술 과정의 인지도가 높아짐에 따라 학위를 취득하거나 다른 분야에서 유저 리서치에 종사하는 연구 경험이 있는 사람들이 증가하고 있다. 이는 그들이 QA에서 일하는 사람보다 주니어 유저 리서처 직업에 더 적합한 지원자가 될 가능성이 높다는 의미다.

QA에서 게임 유저 리서처가 되는 게 불가능한 것은 아니다. QA는 게임을 만드는 과정의 일부에 참여할 수 있는 유용한 맥락이다. 일부 소규모 팀은 역할 간의 차이가 적을 수도 있고, QA에서 야심 차게 일하는 사람은 사용성이나 유저 경험 리서치를 실행하도록 추진할 수도 있다. 그러나 이는 드문 일이며, 채용담당자는 게임 개발자에게 좋은 리서치를 하는 것에 대해 가르치는 것보다 리서처에게 게임 개발을 가르치는 게 더 쉽다는 사실을 알게 될 것이다. 이 때문에 QA 경력만 있는 경쟁력 있는 후보로 두각을 나타내기는 어려울 수 있다.

개인 프로젝트

유저 리서처가 되기 위해 필요한 기술 중 일부는 독립적으로 리서치를 계획하고 실행하는 개인 프로젝트를 통해 입증할 수 있다.

이는 레딧^{Reddit} 같은 인기 있는 포럼에서 찾을 수 있는 독립 개발 커뮤니티와 협력해 프로젝트를 수행할 수 있다. 인디 개발자와 대화하면서 현재 우선순위를 파악한 다음, 사용성 문제를 식별하기 위해 전문가 리뷰를 제안함으로써 리서처는 유료 유저 리서치 역할과 관련된 많은 고객과 리서치 역량을 연습할 수 있다.

출시된 게임을 플레이할 때 사용성 문제를 파악해 리서치 역량을 연습할 수도 있다. 그러나 이런 경험은 다소 관련성이 낮다. 게임은 일반적으로 세련되고, 리서처는 게임팀이 어떤 제약에 처해 있고 어떤 타협이 이뤄졌는지에 대한 통찰력이 없다. 이는 게임 개발 과정의 실제 압력을 고려하지 못한 리뷰로 이어질 수 있으며, 지나치게 부정적으로 보일 수 있다. 이런 제약 사항 중 일부에 대해 잘 알고 있는 멘토와 긴밀히 협력하는 것이 도움이 될 수 있다.

개인 프로젝트를 통해 얻는 경험의 한계는 동료 리뷰의 기회가 부족하다는 것이다. 수행 중인 리서치 문제를 식별하는 데 도움이 될 수 있는 숙련된 리서처의 피드백이 없다. 이것을 멘토링과 결합하면 그 격차를 메우는 데 도움이 될 수 있다. IGDA$^{The International Game Developer}$ ^{Association}의 게임 유저 리서치 및 유저 경험 멘토링 계획은 grux.org에서 찾을 수 있다. 개인 프로젝트는 또한 무료로 일하는 것을 장려하기 때문에 산업 리서치를 평가절하하기보다는 취미 개발자들과 함께 운영돼야 한다.

모든 사람이 개인적인 프로젝트를 하도록 추천하기는 어렵다. 리서치를 운영하는 데 개인적인 시간을 자유롭게 보내는 것은 많은 사람이 갖고 있지 않은 사치이며, 업계의 현재 대표성 문제를 악화시킬 수 있다. 이 책의 다음 절에 있는 몇 가지 안내문은 리서치 역량을 장기간에 걸쳐 연습하기 위해 수행할 수 있고 더 쉽게 접근할 수 있는 개별 작업에 관해 설명한다. 불행히도 보살핌이나 다른 책임이 있는 사람들이 개인 프로젝트에 자유 시간을 할애하기는 여전히 더 어렵다.

이 책의 다음 절에서 적절한 리서치 역량을 입증하는 방법을 더 자세히 다룰 것이다.

올바른 접근 방법

앞서 언급했듯이 유저 리서치 역할을 위한 경쟁은 어려울 수 있다. 우리는 다른 학계, 다른 리서치 직업, 다른 게임 직업 및 개인 프로젝트에서 경험을 얻는 것에 대해 논의했다. 아쉬운 점은 유저 리서처 역할을 맡는 다른 사람들이 한 가지 이상의 소스에서 경험을 쌓을 가능성이 높기 때문에 눈에 띄기가 어렵다는 것이다.

그렇다고 해서 이것 중 어느 것도 필수적임을 의미하는 것은 아니다. 관련된 학문적 경험이 없거나 게임 유저 리서치가 첫 리서치 직업이었던 잘 알려진 게임 유저 리서처가 많이 있다. 이 경쟁은 많은 경험이 있기 때문에 다른 사람들과 차별화될 수 있는 올바른 기술을 연습하고 보여주는 것이 정말 중요하다.

취업에 필요한 역량 보여주기

게임 유저 리서처 업무의 지원 과정은 길어질 수 있다. 채용 시 다음 단계의 일부 또는 전부가 포함되는 경우는 드물지 않은 편이다.

- 이력서 보기
- 게임 습관에 대한 설문지
- 게임 유저 리서처 및 게임 유저 리서처와 일하는 사람들과의 인터뷰
- 유저 리서치 세션 관리
- 전문가 리뷰 수행
- 리서치 결과 발표하기

모든 채용 프로세스가 이런 단계가 포함되는 것은 아니지만, 높은 경력의 역할일수록 채용담당자는 더 많은 역량을 기대할 수 있다.

이런 각각의 작업은 평가하려는 대상에 대한 목표가 다르다. 이러한 목표가 무엇인지 설명한 후 각 목표에 대해 관련 기술을 입증하는 방법을 자세히 알아보자.

이력서 검토는 지원하는 사람이 합리적인 지원자인지 막연하게 검증한다. 비디오 게임은 명성 있는 산업이기 때문에 유저 리서처가 되고 싶은 특별한 열망을 갖기보다는 단지 게임업계에서 일하기를 원하는 지원자들이 많다. 유저 리서처가 되려면 전문적인 역량이 필요하기 때문에 리서치에 대한 이력이나 관심이 없는 사람은 적합한 지원

자가 될 가능성이 작다. 따라서 이력서 검토는 주로 이 사람이 리서처 역할에 맞는 지원자이고, 게임 관련 직업에 관심도 없이 그냥 지원한 게 아님을 보여주는 리서치와 관련된 학구적 또는 개인적 경험을 가졌는지 확인하는 것을 목표로 할 것이다.

설문지 또는 채용담당자와의 통화는 지원자가 비디오 게임을 플레이하고 있고, 이에 대해 자신 있게 이야기할 수 있는지("최근에 어떤 게임을 했나요?") 여부를 평가하는 데 사용될 수 있다. 일부는 사람들에게 게임의 사용성 문제를 식별하고, 지원자가 사용성 문제(기능의 구현이 디자인 의도를 충족시키지 못하는 경우)와 지원자의 주관적인 의견(경험에 대해 그들이 좋아하거나 좋아하지 않는 것) 사이의 차이를 인식할 수 있는지 확인하도록 요청할 수 있다.

면접은 항상 채용 과정의 일부다. 면접관은 지원자의 리서치 경험을 탐구하고 이전에 리서치를 진행한 사례를 요청한다. 과거의 행동은 미래의 행동을 가장 잘 예측할 수 있는 지표이기 때문에 이러한 사례는 지원자의 의사결정 과정을 평가하는 데 사용될 것이다. 예를 들어 지원자가 이전에 어떻게 리서치 목표와 방법을 일치시켰는지, 청중과 결과를 공유하기 위해 적절한 방법을 어떻게 결정했는지 또는 시간이 제한적인 상황에서 어떻게 처리했는지를 탐구하는 것이다. 이러한 질문을 통해 채용담당자는 지원자가 의식적이고 목표에 맞는 결정을 내리는지를 평가할 수 있다. 또한 지원자의 의사소통 능력(자신의 의견을 명확하게 전달하고, 자신의 결정을 근거 있게 말할 수 있는지)을 평가할 수 있다.

관리 태스크는 지원자가 유저 리서치 세션을 운영하고, 문제를 관찰하며 실제 리서치인 것처럼 참여자를 인터뷰하는 것을 포함한다. 이것은 아마도 사전에 리서치 계획을 세우고, 세션을 수행한 다음 지원자가 관찰한 몇 가지 사항을 공유할 수 있는 피드백 세션과 결합될 것이다. 물론 이것은 심층 분석을 위한 충분한 세션이 있는 전체 리서치가 아니기 때문에 제한적일 것이다. 이 태스크는 세션을 적절하게 관리할 수 있는 능력(유도하는 질문을 하지 않고, 참여자를 편안하게 하며, 적절한 사용성 문제를 식별할 수 있는 능력)을 평가하는 데 도움이 된다.

합리적으로 리서치 역량을 평가하는 또 다른 방법은 지원자에게 전문가 리뷰를 수행하도록 요청하는 것이다. 책의 앞부분에서 설명한 바와 같이 전문가 리뷰는 지원자에게 게임의 한 부분을 플레이하고 사용성 문제를 식별하도록 요청한다. 그런 다음 채용담당자에게 공유할 보고서나 프레젠테이션을 작성할 수 있다. 이것은 지원자가 적절한 문제를 식별하고 의사소통하는 능력을 테스트하는 것이다.

리서치 기술을 평가하는 다른 방법으로 지원자에게 가상 테스트 시나리오에 대한 리서치 계획을 수립하거나 잠재적인 문제에 설문조사 질문을 평가하도록 요청하는 것이 포함될 수 있다.

관리 태스크나 전문가 리뷰는 리서치 결과를 다른 리서처나 게임 개발 전문가에게 프레젠테이션하는 태스크와 결합할 수 있다. 이를 통해 지원자가 문제를 포괄적이고 정확하게 전달할 수 있는 능력에 대해 추가적인 인사이트를 얻을 수 있다. 이 프레젠테이션 태스크는 종종 실제 리서치 상황을 가장 가깝게 재현하고, 다른 분야와 의사소통을 잘 할 수 있는지 확인하기 위해 리서처가 아닌 청중과 함께 수행하는 경우가 많다.

채용 프로세스에 이러한 모든 단계가 포함되지는 않지만, (바라건대) 동일한 기술을 탐색할 것이다. 여기에는 다음의 내용이 포함된다.

- 협업 역량Client Skill
- 리서치 설계
- 모더레이션 moderation 2
- 분석

---

2 인터뷰 또는 토론 등을 이끌어 나가는 역량으로 UX 리서처들 사이에서는 흔히 사용되는 용어다. – 옮긴이

- 발표
- 퍼실리테이션^{Facilitating} 역량
- 도메인에 대한 이해

우리는 채용담당자들이 이러한 기준을 어떻게 찾을지를 명시하기 위해 이들을 차례로 살펴볼 것이다.

협업 역량

유저 리서처가 된다는 것은 동일한 배경이나 경험이 없는 다른 동료와 상호작용하는 것을 포함한다. 여기에는 리서치가 답변할 수 있는 질문이 무엇인지 이해하기 위해 디자이너, 개발자, 프로듀서, 아티스트 및 기타 사람들과의 회의나 토론이 포함된다.

커뮤니케이션은 이러한 상호작용에서 매우 중요하다. 즉 모든 사람이 동일한 요점을 이해하고, 어떻게 진행할지에 대한 합의에 도달하도록 보장해야 한다. 리서처는 모든 사람이 리서치 목표와 그에 답하기 위해 선택한 접근법에 동의하는지 확인할 필요가 있다. 리서처의 연공 서열이 높아지고 리서치의 영향력이 커질수록 협업 역량이 중요하다.

지원서를 낼 때 다른 분야와 협력한 이력을 보여주고, 리서치가 무엇인지 또는 리서치 결과가 그들의 업무에 어떻게 적용되는지를 이해하도록 돕는 것이 성공적인 지원자가 되기 위해 필수적일 것이다.

이를 입증하기 위해 그룹 프로젝트, 다학제적인 팀에서 근무하거나 리서처가 아닌 사람에게 리서치 결과를 발표하는 등 다양한 배경을 가진 사람들과 협력해야 했을 때의 기회를 생각해보자.

리서치 설계

리서치 목표가 합의되고 모든 사람이 리서치에서 무엇을 알고 싶은지 알게 되면 다음 단계는 적절한 리서치 방법을 결정하는 일이다. 여기에는 리서치 목표에 대해 답변하는 방법(설문지, 관찰, 아이트래킹)과 프롬프트 또는 질문이 무엇인지 결정하는 것도 포함한다. 참여자에게 어떤 태스크를 설정할지 또는 참여자에게 어떤 질문을 할지를 결정한다.

합리적인 방법론과 태스크를 선택하고, 리서치 목표에 적합함을 입증하는 능력을 보여주는 게 필수다. 이는 면접 과정 중에 의사결정이 의식적으로 고려되고 이뤄졌는지 확인하기 위해 어려울 수 있다.

이를 입증하기 위해 리서치 방법을 결정할 때 고려했던 요소를 설명한다. 여기에는 올바른 방법을 식별하고, 시간이나 예산 같은 실용적인 이유로 타협해야 하는 사항을 설명하는 것이 포함될 수 있다. 복잡하고 때로는 상충하는 요소를 신중하게 고려하는 것이 채용담당자가 원하는 것의 일부가 될 것이다.

모더레이션

유저 리서처가 된다는 것은 조사 대상인 일반인들과 직접 접촉하는 것을 의미한다. 일부 채용 프로세스에서는 이를 평가해 지원자가 답변을 유도하거나 관찰된 행동이 발생하는 이유를 파악하지 못하는 등의 함정에 빠지지 않고 유저에게 친근하고 개방적이며, 유저를 안심시키고, 리서치를 완료할 수 있는지를 확인하고자 할 것이다.

사용성 혹은 유저 리서치 세션을 실행하고 유저에게 직접 노출된 경험이 있음을 입증하는 것은 적절한 모더레이션 역량이 있다는 좋은 증거가 될 것이다.

분석

세션을 진행한 후 유저 리서처가 해야 할 다음 작업은 원시 데이터에서 합리적인 결과를 찾는 것이다. 여기에는 세션 중에 발생한 일 중 의미 있고, 흥미로운 것, 공유하기에 적합하지 않은 것이 무엇인지 식별하고 추출하는 작업이 포함된다. 또한 분석에서는 문제를 종합적으로 설명했는지, 디자이너가 결과를 기반으로 조치를 할 수 있을 정도로 아주 상세하게 이해시켰는지 확인하는 과정도 포함한다. 이 책의 앞부분에서 논의한 원인과 영향의 구조가 이에 도움이 될 수 있다.

이런 경험은 실험이나 리서치를 수행하고, 알게 된 것을 보고하는 학문적인 환경에서 종종 얻을 수 있다. 앞서 살펴본 바와 같이 산업 또는 개인 프로젝트 또한 이에 대한 증거를 만들 수 있다.

- 식별한 사용성 문제 중 하나를 선택하고, 디자이너가 게임의 해당 부분을 어떻게 작동시킬지를 이해하기 위해 어떤 질문을 할지 생각해보자.
- 최근 게임에서 발견한 사용성 문제 생각해보자. 게임을 해봤지만 문제를 발견하지 못한 사람이 이해할 수 있는 방식으로 적는다. 문제가 발생한 원인과 문제가 플레이어에게 미치는 영향을 설명한다.

발표

개발팀과 결과를 공유하는 가장 일반적인 방법의 하나는 발표이며, 이 내용은 책의 앞부분에서도 다뤘다. 발표를 위해서는 사람들 앞에 나설 수 있는 자신감과 문제를 확실히 이해할 수 있는 의사소통에서의 명확성이 필요하다. 다시 한번 말하지만 이러한 발표의 청중은 대개 리서처가 아니기 때문에 이들이 이해할 수 있는 언어를 사용하는 게 중요하다.

청중 앞에서 발표하는 경험은 반드시 유저 리서치 역할에서 나올 필요는 없으며, 다른 산업에서 프로젝트 작업을 발표한 것도 이를 입증하는 방법이 될 수 있다.

이런 역량을 연습하기 위해 고려해야 할 몇 가지 활동

- '플레이어들이 이 게임을 좋아했는가?'라는 리서치 목표에 답하는 프로젝트를 생각해보자. 리서치 결과를 발표할 때 게임팀에 제공하고 싶은 가상의 리서치 맥락을 결정한다.
- 게임에서 최근에 발견한 사용성 문제를 설명하는 슬라이드를 만든다. 게임을 해보지 않은 사람이 문제를 이해할 수 있는지 확인해보자.
- 사용성 문제에 대한 몇 가지 슬라이드를 발표하고 녹음 후 다시 들어보자. 그리고 발생한 문제를 성공적으로 전달했는지를 평가해본다.

퍼실리테이션 역량

리서처들은 종종 워크샵을 진행하고, 팀원이 발견된 문제에 대한 해결책을 만들고 평가하는 것을 돕기도 한다. 워크샵을 운영하고 동료 그룹과의 세션을 진행하는 데 자신감을 느끼게 된 경험은 채용 과정에서 발견될 수 있다.

이러한 경험은 리서치가 아닌 직무로 일하거나 공부할 때 발생하는 팀 프로젝트를 통해 개발될 수 있다.

이런 역량을 연습하기 위해 고려해야 할 몇 가지 활동

- 아이디어를 생성하고 평가하는 데 도움이 되는 발산적 사고와 수렴적 사고에 대해 읽고, 이를 장려할 수 있는 디자인 워크숍 활동을 찾아보자. 이것이 게임의 사용성 문제를 해결하는 데 어떻게 적용될 수 있는지 생각해보자.
- 이전에 참여한 그룹 활동과 참여하면서 느꼈던 점을 생각해보자. 참여하는 사람들의 자신감을 향상할 수 있었던 요소를 확인한다.

도메인에 대한 이해

게임 관련 일을 하는 것은 게임에 관심 있는 다른 사람들(동료 및 참여자 모두)과의 교류가 필요하기 때문에 인기 있는 타이틀을 이해하고, 게임에 대해 자신 있게 이야기하는 것이 중요하다. 예를 들어 참여자가 인벤토리 시스템이 〈데스티니Destiny〉[3]와 비슷하다고 설명하는 경우, 〈데스티니〉의 인벤토리 시스템에 대한 지식이 있어야 요점을 이해하고 다른 사람들에게 설명할 수 있다.

앞서 언급한 바와 같이 게임 유저 리서치는 다른 유저 리서치와 비교할 때 약간의 미묘한 차이가 있다. 게임에는 의도적으로 어려운 경

---

3 번지(Bungie) 소프트웨어가 개발한 비디오 콘솔 게임 – 옮긴이

우가 있고, 효율성이 주요 목표가 아니라는 점을 포함한다. 게임 유저 리서치가 다른 유저 리서치 분야와 어떻게 다른지 설명할 수 있는 능력은 채용 과정에서 평가될 수 있다.

채용 과정에서 게임 스튜디오가 자사의 게임을 플레이한 경험이 있는지 물어볼 것이라고 가정하는 게 합리적이기 때문에 미리 플레이해봐야 한다.

주니어 리서처들이 꼭 이전에 게임업계 경력이 있어야 하는 것은 아니지만, 업계에 대한 이해와 게임이 어떻게 작동하는지에 대한 이해가 있을 것으로 기대한다. 이 책의 첫 번째 부분에서 살펴봤듯이 이러한 이해가 있어야 리서처가 리서치를 수행하기 위한 적절한 시기, 합리적인 목표를 파악하고 좋은 설계를 할 수 있다.

이런 역량을 연습하기 위해 고려해야 할 몇 가지 활동

- 일부 온라인 게임 개발 포럼에 방문해 개발자가 토론하는 주제를 확인하자. 왜 이 주제가 해당 분야에서 중요한지 생각해보자.
- 게임 개발자를 인터뷰하면서 그들이 업무에서 어떤 결정을 내려야 하는지를 이해하자. 유저 리서치가 이 결정을 더 쉽게 만들 방법에 대해 생각해보자.

기타 역량

유저 리서처에게 필수적인 것은 아니지만, 경쟁이 치열한 취업 시장에서 차별화를 보여주는 데 도움이 될 수 있는 보완적인 역량이 있다.

리서처들은 통계를 배워야 할까?

첫 번째는 통계학에 대한 지식이다. 리서처가 정량적 데이터 분석 전문가가 되기를 항상 기대하는 것은 아니며, 심층적인 데이터 분석 작업은 다른 팀의 담당이지만 통계학에 대한 기본적인 이해는 많은 일반적인 리서치에 유용할 것이다.

여기에는 질적 리서치가 아닌 정량적 방법을 사용해 리서치 목표에 대답해야 하는 상황을 식별할 수 있는 능력이 포함된다. 가장 일반적으로 난이도나 등급 같이 측정이 필요한 경우다.

리서처가 적용해야 할 일반적인 통계 기법은 두 결과 사이의 차이가 통계적으로 유의미한지 여부를 식별하는 것이다. 이는 플레이어가 주는 점수를 비교할 때 유용할 수 있다. 예를 들어 두 단계의 난이도에 대한 등급이나 멀티 플레이어 게임에서 각 팀에 발생하는 실패 횟수를 비교할 때 유용하다. 온라인에서는 이 작업을 자동으로 수행할 수 있는 계산기가 있다. 그러나 수행되는 계산을 이해함으로써 리서처는 오류를 발견하고, 결과에서 합리적인 결론을 도출하는 데 도움을 줄 수 있다.

통계를 기본적으로 이해하면 평균값^{mean}, 중앙값^{median}, 최빈값^{mode}뿐만 아니라 명목형, 순서형, 이산형 데이터 간의 차이를 알고 오류를 방지하는 데에도 도움이 된다. 매우 일반적인 실수는 일부 설문 조사에 사용된 척도 같은 순서형 데이터의 평균을 구하는 것이다. 이 작업은 산업계에서 자주 수행되지만, 반응을 막대차트에 버킷으로 표시하는 것만큼 정확하지는 않다. 몇 가지 일반적인 통계 기법을 인식하면 오류를 줄이고 리서치 결과의 품질에 대한 동료들의 신뢰를 높이는 데 도움이 된다.

특히 전담 데이터 분석가가 없는 소규모 팀의 경우 통계로 더 많은 일을 할 수 있는 기회가 많은 팀에서 제공될 것이다. 어떤 환경이든 이러한 기본 사항은 고품질 리서치를 실행하는 데 도움이 되고, 통계 전문 지식을 가진 다른 동료와 더 쉽게 작업할 수 있도록 지원한다.

리서처들은 코딩을 배워야 할까?

통계적 지식 외에도 많은 분야에서 공통적인 질문이 "코딩하는 법을 배워야 하나요?"이다. 리서처에게 있어서 코딩하는 방법을 배우는 것은 결코 필수적이지 않지만, 일부는 그렇게 하기도 한다.

이것이 리서처에게 유용한 기술이 될 수 있는 몇 가지 기회가 있다. 리서치 프로세스에는 스크립트로 자동화할 수 있는 데이터 분석 또는 보고서 생성 같은 수동 작업이 필요한데, 프로그래밍을 할 수 있으면 이러한 프로세스를 더욱 쉽게 최적화할 수 있다.

이미 발견한 문제에 대해 잠재적인 해결책을 생각할 때, 불가능한 것에 대한 리서처의 지식을 높이는 것 같은 부차적인 이점이 있지만, 디자인 같은 다른 분야를 이해하는 데 시간을 보내는 것도 그만큼 유익할 것이다.

궁극적으로 프로그래밍 역량은 취업에서의 평가 기준 중 하나가 될 가능성이 낮기 때문에 게임 유저 리서처가 되기 위해서 시간을 들여 프로그래밍 학습을 선뜻 추천하기는 어렵다. 그 시간에 핵심적인 리서치 역량을 연습하는 게 더 현명할 것이다.

이력서, 포트폴리오 및 사례 리서치

입사 지원 시 채용담당자가 이력서를 보고 싶어할 가능성이 매우 높고, 포트폴리오를 요구할 수도 있다.

게임 유저 리서처의 이력서의 경우 가장 관련성이 높은 경험을 우선으로 하고, 세부 사항에 관심이 없어 보이는 것으로 해석할만한 오타 피하기 등 일반적인 이력서 작성 조언과도 관련이 있다.

채용담당자는 리서치 계획을 수행 및 보고하고, 다른 분야의 사람들과 협업한 증거를 찾을 것이다. 글머리 기호를 사용하면 채용담당자가 이 경험을 더 쉽게 찾을 수 있다. 각 역할에 대한 예시는 구체적이어야 한다. 예를 들면 다음과 같다.

- 관찰, 설문조사, 인터뷰 및 지표 같은 방법론을 사용해 게임에 대한 15개의 질적 양적 유저 리서치를 설계하고 실행했습니다.
- 외부 모집자, 직원 게릴라 테스트, 리서치 참여자 메일링 리스트를 포함한 다양한 방법을 사용해 참여자를 모집했습니다.
- 프레젠테이션과 이해관계자 워크숍을 통해 고객에게 문제를 분석하고 보고했습니다. 조사 결과가 게임 개발 백로그에 포함됐는지 확인했습니다.
- 개발 전반에 걸쳐 전문가의 사용성 및 접근성 리뷰를 수행했습니다. 출시 전에 해결해야 할 문제의 수를 확인했습니다.

이 절에서는 더욱 일반적인 역량 섹션과 결합해서 볼 수 있다. 여러분이 편안하게 사용할 수 있는 방법론뿐만 아니라 리서치를 실행하고 고객과 함께 작업하는 과정에 대한 경험도 나열돼 있다. 이 목록을 직무 설명의 특정 예시와 결합한다면 더 강력한 이력서를 될 것이다. 이 역량 섹션의 항목 예시는 다음과 같다.

- 사용성 테스트(진행 또는 진행하지 않은, 실험실 기반 및 원격)
- 설문조사 설계 및 분석
- 전문가 평가
- 맥락 리서치Contextual Research
- 관련성 매핑affinity mapping과 우선순위화를 포함한 데이터 분석
- 프레젠테이션 및 워크숍 퍼실리테이션
- 보고서 작성, 페르소나, 여정지도 및 정보 아키텍처 생성
- 참여자 모집

이력서에 넣을 다른 요소에는 관련된 학술 경험, 출판물 또는 기사 작성이 있다.

많은 유저 리서치 작업은 시각적이지 않으며, 따라서 많은 채용담당자는 포트폴리오를 요구하지 않는다. 일부 작업은 리서처를 더 디자인에 중점을 둔 역할로 혼동하거나 UX가 무엇인지 오해할 수도 있다. 그러나 리서치 질문이 어떻게 수집, 조사 및 답변됐는지 보여주는 사례 연구를 준비하는 것은 인터뷰를 준비하고 이전의 경험을 서술하는 데 유익한 연습이 될 수 있다.

유저 리서처 포트폴리오를 만들기로 한 경우, 포트폴리오는 프로세스, 리서처가 내린 결정 및 이 리서치가 미치는 영향에 초점을 맞춘 몇 가지 리서치 자료를 취합한 것이어야 한다. 포트폴리오는 그 안에 포함된 것 중 가장 최악의 작업으로 판단되기 때문에 리서처에게 잘

반영되지 않는 작업을 많이 포함하는 것보다 고품질의 사례 연구가 더 좋을 것이다.

사례 연구에 적합한 포맷은 다음과 같다.

- 리서치 히스토리를 포함해 해당 게임과 팀의 상황은 어땠는가
- 답변하기에 가장 적합한 리서치 목표는 어떻게 식별했는가
- 이 목표에 답하기 위해 적절한 리서치를 어떻게 결정했는가
- 리서치의 제약조건은 무엇이었는가
- 리서치는 무엇이었는가
- 이 리서치에서 배운 것은 무엇이고, 이것은 어떻게 전달됐고, 게임에는 어떤 영향을 미쳤는가

이 모든 단계에서 어떤 작업이 수행됐는지 설명하는 것뿐만 아니라 왜 이런 결정을 내렸는지도 중요하다. 채용담당자들은 때때로 상충되는 요구 사항이 어떻게 관리됐는지, 그리고 정확성이 실용주의와 어떻게 균형을 이루는지 이해하려고 할 것이다. 궁극적으로 보고 싶은 것은 유저 리서처들이 달성하고자 하는 것이므로 이를 달성하기 위해 취했던 단계를 설명하자.

게임에서는 비밀 유지가 중요하기 때문에 비공개 계약에 따라 이런 작업을 서술하는 게 어려울 수 있으며, 출시한 게임을 기반으로 한 포트폴리오를 만들 수 없을 수도 있다. 공유되지는 않았더라도 프로젝트에 대해 앞의 내용으로 생각하는 연습은 면접 질문에 대비한 답변을 만드는 데 도움이 될 것이다. 이 연습을 인디 게임이나 비밀유지 서약서가 없는 출시 게임 같은 개인 프로젝트에 결합한다면 채용담당자가 평가할 수 있는 강력한 증거가 될 것이다.

포트폴리오나 리서치 사례를 작성할 때 독자들이 많은 유사한 포트폴리오를 읽느라 바쁠 가능성이 높다는 점을 기억하자. 이는 화려

한 비주얼보다는 커뮤니케이션의 명확성을 가장 중요한 목표로 삼는다. 이 역할은 시각 디자인이 아니다. 명확한 구조가 핵심이다.

(가상의) 사례 리서치 예시

게임 'UX Assault'의 사용성 테스트

상황

학생들이 만든 퍼즐 게임인 〈UX Assault〉는 출시 이전에 수직 슬라이드에 대한 피드백을 찾고 있었다. 그들은 몇 번의 비공식적인 플레이 테스트를 실행했지만, 이전에는 유저 리서처와 함께 진행하지는 않았다. 그들에게 연락해 게임의 품질을 향상시키고 작업 우선순위를 정하는 데 도움이 되도록 구조화된 사용성 피드백을 제공하겠다고 제안했다.

리서치 목표 정의하기

리드 개발자와 인터뷰하고, 플레이 테스터에게 보낸 설문지를 검토해 개발팀에 유용할 주요한 리서치 목표를 파악했다. 목표는 다음과 같다.

리서치 목표

플레이어는 튜토리얼에서 모든 메커니즘을 배우는가?

- 전투
- 회복
- 기술
- 등반
- 미니맵 활용

레벨1에서 어디로 가야 하는지 명확한가?

플레이어가 보스를 이기는 방법을 발견하는가?

난이도에 대한 플레이어의 인식이 어떤가?

리서치 목표는 리드 개발자와 함께 정했다.

이를 통해 목표에 대한 합의를 얻기 위해 킥오프 문서를 만들고, 리서치를 설계하기 시작했다.

리서치

이 목표에 답하기 위해 대표 플레이어들과 비공식적인 1:1 사용성 테스트를 진행하기로 했다. 사용성 테스트를 통해서 각 참여자에게 개별적으로 주의를 기울이면서, 그들이 직접 얘기하지 않은 사용성 문제를 관찰할 수 있었다. 예산이 없어서 리서치에 충분히 필요한 참여자를 모집할 비용은 지불할 수는 없었다. 그래서 전문가 리뷰로 임시 ^{Ad hoc} 테스트를 보완했다.

연구 계획: UX 공격

리서치 목표

- 플레이어는 튜토리얼에서 모든 메커니즘을 배우는가?
  - 전투
  - 회복
  - 기술
  - 등반
  - 미니맵 활용
- 레벨1에서 어디로 가야 하는지 명확한가?
- 플레이어가 보스를 이기는 방법을 발견하는가?
- 난이도에 대한 플레이어의 인식이 어떤가?

연구 계획

서론

- 안녕하세요. 제 이름은 홍길동입니다. 오늘 우리는 새로운 게임을 보게 될 텐데, 그전에 몇 가지 말해둘 사항이 있습니다.
- 우선 오늘 동의를 해야 할 사항입니다. 서명할 양식이 있는데 핵심 내용을 설명 하겠습니다.
  - 화면에서 일어나는 일과 우리가 이야기하는 내용을 녹화할 예정입니다.
  - 이 녹음은 무언가 놓칠 경우를 대비한 기록을 위한 것이지만, 우리 회사 내의 다른 사람들에게 보여줄 수 있습니다. 이 정보는 조직 외부의 사람들 에게는 공개되지 않고, 몇 년이 지나면 삭제됩니다.
  - 또한 우리에게 설명할 필요 없이 언제든 휴식을 취하거나 그만두실 수 있 습니다.
  - 기록한 정보의 삭제를 요청할 수 있으며, 자세한 방법은 적혀 있습니다.
  - 양식을 읽어보고 질문이 있으면 말씀 부탁드립니다. 동의한다면 서명해주 세요.
- 이제 새로운 게임을 볼 것입니다. 게임에 대해 짧은 대화를 나눌 예정이며, 잠깐 게임을 플레이한 뒤 특정 부분을 보라고 요청할 것입니다. 마지막으로 마무리 대화를 진행합니다.
- 오늘 우리가 보게 될 것은 제가 제작한 것이 아닙니다. 제가 말씀드리는 이유는 여러분이 좋아하는 것과 싫어하는 것에 솔직해야 하기 때문입니다. 개인적으로 받아들이지 않을 것임을 알아주세요.
- 귀하를 테스트하는 것이 아닙니다. 맞고 틀린 것은 없으며, 귀하가 컴퓨터나 이 게임을 얼마나 잘 사용하는지 테스트하는 것도 아닙니다. 귀하가 생각하신 것보 다 더 어려운 게 있다면 말씀해주세요. 게임 제작자들에게 약간의 변화를 주라 고 말할 수 있습니다.
- 집에서 플레이한다고 상상해보세요. 평소의 집에서 하시던 것처럼 해주시길 바 랍니다. 만약 집이었고, 너무 막혀서 포기했을 것 같다면 말씀해주세요. 도와드 리겠습니다.
- 지금까지 설명해 드린 내용이나 오늘 할 일에 대해서 질문이 있나요?

사전 인터뷰

- 최근에 어떤 게임을 플레이하고 있습니까?
- 플레이한 게임에 대해 어떻게 생각하십니까?
  - 특별히 마음에 드는 부분이 있나요?
  - 마음에 안 드는 부분이 있나요?
- 〈UX 인베이더스〉라는 게임에 대해 들어보신 적이 있나요?
  - 무엇에 대해 들어보셨나요?

첫 번째 태스크 – 튜토리얼

태스크: 당신은 이 게임을 방금 다운로드했고 처음으로 플레이하는 상황입니다. 이 게임의 튜토리얼 레벨을 플레이해 주세요. 그러고 나서 이야기를 나눌 것입니다.

무엇을 물어봐야 하는가?	무엇을 관찰해야 하는가?	무엇을 알 수 있는가?
당신이 여기에서 해야 하는 것은 무엇입니까? 무엇을 해야 한다는 것을 어떻게 알게 되었습니까?	플레이어가 제트팩 튜토리얼을 성공적으로 끝마쳤는가? 플레이어가 몇 번 실패했고, 실패한 이유는 무엇인가?	플레이어가 제트팩 사용법을 배우는가? • 전투 • 회복 • 기술 • 등반 • 미니맵 활용

태스크 사후 질문:

- 해당 레벨은 어떤 것을 위한 것이었습니까?
- 이 게임에서 어떻게 하는지 배울 수 있었습니까? 무엇을 배웠나요?
  - 전투는 어떻게 진행되나요?
  - 회복은 어떻게 하나요?
  - 기술은 어떻게 작동하나요?
  - 등반은 어떻게 작동하나요?
  - 맵은 어떻게 작동하나요?
- 지금까지 게임에서 헷갈리거나 어려운 점이 있었습니까?

세션을 진행하기 위해 리서치 가이드를 제작했다.

세션을 진행하고 발생한 일을 기록했으며 나중에 문서화했다. 관련성 분류를 사용해 관찰된 모든 사용성 문제를 식별하고, 개발자와의 인터뷰에서 얻은 디자인 의도를 이해한 후 우선순위를 정했다. 이를 바탕으로 보고서를 작성해 개발팀에 제출했다. 보고서는 프레젠테이션을 위한 파워포인트 포맷으로 작성했으며, 문서만 봐도 이해할 수 있도록 작성했다.

리서치 영향

이 리서치는 4가지 심각한 문제와 15가지 사용성 문제를 식별했다. 이 문제를 해결하지 못한 채 방치했다면 플레이어에게 상당한 장벽이 생기고, 많은 사람이 이 레벨을 완료하지 못했을 것이다.

> **Critical**
>
> ### 유저들은 패링⁴하는 법을 배우지 못했다.
>
> **원인:**
> - 패링(parrying) 튜토리얼은 유저가 운 좋게 넘어갈 수 있도록 진행됐고, 유저가 패링하는 방법을 성공적으로 알고 있는지 확인하지 못했다.
>
> **영향:**
> - 유저는 패링을 배우지 않고 튜토리얼을 진행했다. 패링에만 의존할 경우에는 이기기 어려운 적을 마주쳤을 때 꼼짝 못 하게 됐다.
> - 유저는 튜토리얼 밖에서 학습할 방법이 없었고, 플레이를 이어 나가지 못했다.
>
> **의도:**
> - 튜토리얼은 플레이어가 성공적으로 패링을 배우게 될 때까지 진행을 막으려고 했다.

리서치에서 발견한 사용성 문제 예시

보고서 제출 후 팀은 모든 문제를 백로그에 포함시켰으며, 개발 과정에서 이 문제를 해결할 것이다. 추가 테스트를 통해 수정 사항을 평가하는 데 도움이 되도록 후속 조치를 약속했다.

---

4 격투나 검투에서 상대의 공격을 자기 몸이나 무기로 쳐 내는 동작 – 옮긴이

게임 유저 리서처 경력

책의 초반에서 우리는 왜 게임업계에서 일하기가 어려울 수 있는지를 다뤘다. 공부에 전념하고, 게임 유저 리서처가 되기 전에 업계에서 일하는 것의 몇 가지 단점을 이해하는 게 현명할 것이다. 이것을 이해함으로써 게임 유저 리서치가 내게 적합한 직업인지를 정보에 따라 결정할 수 있다.

게임업계에서 일하는 것은 명망 있고, 재미있으며 흥미로울 수 있기 때문에 업계에서 일하고 싶어하는 사람들이 많다. 이는 급여에 부정적인 영향을 미치며, 다른 기술기반의 회사보다 급여가 적은 편이다. 2019년 게임 유저 리서치 급여 조사에 따르면 영국에서 5년 경력을 가진 유저 리서처는 평균 45,000파운드(2023년 초 기준 약 6,800만원)를 번다고 한다. 대조적으로 Zebra People[5]이 같은 해 실시한 급여 조사에서 영국 금융 분야에서 일한 경험이 있는 유저 리서처는 50,000파운드(한화 약 7,500만원)에서 80,000파운드(한화 약 1억 2,000만원) 사이의 수입을 얻는다고 한다.

이런 급여 상황은 유저 리서처뿐만 아니라 게임산업 전반에 걸쳐 동일하며, 대부분의 사람은 다른 소프트웨어로 더 많은 돈을 벌 수 있다. 이는 긍정적인 측면도 있다. 게임업계에서 일하는 사람들은 대부분 그들이 원하기 때문에 일한다는 것이다. 불행하게도 더 낮은 급여는 생활방식에 영향을 미칠 수 있으며, 가족이 있는 사람들에게는 특히 힘들 수 있다.

---

5 Zebra People, Salary Survey, 2019(https://zebrapeople.com/resource/digital-salary-survey/)

다른 업계에 비해 유저 리서처 수요가 적은 편이기 때문에 게임업계는 거주지역도 제한적일 것이다. 게임 개발은 종종 비싼 도시에서 진행된다. 다시 말하지만 젊은 사람들에게는 괜찮겠지만, 시간이 지날수록 가족생활에 해로울 수 있다. 수요 부족은 승진에도 영향을 미칠 수 있으며, 경력이 쌓이면서 점점 더 고위직을 찾는 게 다른 분야보다 더 어려울 수 있다.

이 책의 1장에서 다룬 바와 같이 크런치는 시간이 지남에 따라 더 큰 문제가 된다. 당신이 어리고 아이가 없을 때 새벽 2시에 집에 오거나 사무실에서 자는 것은 괜찮을 수 있다. 만약 여러분이 누군가를 돌봐야 할 책임이 있고, 개인적인 삶에 심각한 영향을 미친다면 이렇게 일하기는 불가능할 것이다. 이런 점이 사람들을 게임업계에서 나가게 만든다.

게임산업의 팬층 중에 일부 극성팬들에 대해 이야기하지 않을 수 없다. 대부분의 개발자가 매우 사랑스럽고 포용적인 사람들이지만, 게이머게이트gamergate 논쟁[6] 같은 사건은 여성혐오와 성차별이 여전히 게임에 존재한다는 사실을 강조한다. 게이머 중 일부는 게임업계에서 일하는 여성들에게 적대적일 것이다. 비록 이 문제가 많은 기술 관련 직종에 존재하겠지만, 게임업계에서는 더 나쁠 것이다. 대부분의 목소리를 내는 팬들이 어린 편이며, 그들이 행동하는 영향에 대해 이해할 만큼 충분한 삶의 경험이 부족하기 때문이다. 이는 동료들과 게이머들 모두로부터 존경받지 못할 수 있는 산업에서 일하는 여성들에게는 매우 힘든 일이 될 수 있다. 그리고 인터넷상의 트롤로 인해 그들의 삶이 크게 방해받을 위험도 있다. 이 부분은 게임업계에서 일하는 것을 생각할 때 고려해야 할 중요한 사항이다.

이런 부정적인 측면의 영향은 업계 직원들의 높은 이직률과 많은 사람이 이러한 문제에 직면하면서 떠난다는 것이다. 게임 개발자 회

---

6 2014년 8월부터 시작된 비디오 게임 문화의 성차별주의에 관한 논쟁 – 옮긴이

의GDC, Games Developer Conference의 한 조사는 게임업계에서 일하는 사람들의 대다수가 업계 경력이 10년 미만이라고 보고했으며, 이는 경력이 높아질수록 사람들이 떠난다는 것을 의미한다.[7]

이 모든 것을 고려해볼 때 지금 게임업계에서 직업을 갖는다고 해서 영원히 게임업계에서 일해야 하는 것은 아니라는 점을 기억할 필요가 있다.

게임 유저 리서처로 일하면서 다른 많은 유저 리서처 직무로 이동할 수 있는 역량도 개발해야 하는데, 경력에 지장을 주지 않도록 주의해야 한다. 일부 다른 업계에 비해 게임업계에서는 리서치에 대한 성숙도가 낮은 편이다. 단순히 이미 설계된 것을 테스트하는 것이 아니라 설계를 결정하는 데 정보를 제공하고, 실제 세계에서 사람들의 행동을 이해하기 위한 선행generative 리서치를 상황에 맞게 실행할 기회가 드물 수 있다. 따라서 게임업계에서 일하면서 생성적 리서치를 실행하는 것은 게임 개발 과정의 일부로서 더 나은 결정을 내리는 데 도움이 되는 것뿐만 아니라, 여러분의 경력을 지속하기 위해 관련 경험을 얻는 데에도 유익할 수 있다.

이 책의 서두에 다뤘듯이 게임업계에서 일하는 것은 훌륭할 수 있고, 많은 사람이 비디오 게임을 개발한다는 보람 있는 직업을 갖고 있다. 앞에서 언급한 문제 때문에 게임 유저 리서처가 되는 것을 망설이지는 않았으면 좋겠다. 다만 이런 문제를 미리 이해한다면 실망이나 환멸을 예방하는 데 도움이 될 것이다.

---

7   R. Ismail, 2020 January 27(https://twitter.com/tha_rami/status/1221483278814863362)

게임 유저 리서치 커뮤니티

게임 유저 리서치는 매우 활발한 커뮤니티를 갖고 있으며, 많은 환상적인 사람이 이 분야를 발전시키기 위해 시간과 노력을 기울인다. 유저 리서처들이 지식을 공유하고 개발할 수 있는 개방적이고 안전한 환경을 만들었으며, 실제로 게임업계의 비밀스러운 환경과는 사뭇 다른 분위기다.

그 대표적인 예가 국제 게임개발자협회의 게임연구 및 유저 경험 특별 관심그룹IGDA GRUX SIG, The International Game Developer Association Games Research and User Experience Special Interest Group이다. 그들은 다음의 내용을 포함해 게임에서 유저 리서치를 촉진하기 위한 이니셔티브를[8] 실행한다.

- 북미 및 유럽 콘퍼런스
- 멘토링 제도
- 질문을 하거나 작업을 공유하고, UX 기사를 읽는 모임을 위한 채팅 채널이 있는 Discord 서버
- 채용 공고, 기사, 프레젠테이션 링크가 있는 웹사이트

IGDA GRUX SIG가 유일한 게임 유저 리서치 커뮤니티는 아니다. 또 다른 커뮤니티는 @gamesUR 트위터 계정이다. 이 트위터 계정은 게임 유저 리서치의 발전을 연구하는 많은 학술 콘퍼런스, 리서치 관련 기사를 공유한다.

---

8 특정한 문제 해결 또는 목적을 달성하기 위한 계획 – 옮긴이

이런 공동체의 적극적인 멤버가 되는 것은 스스로의 발전에도 도움이 된다. 스스로를 다른 리서처와 그들의 도전에 노출하고, 안전하게 질문할 수 있는 공간을 만듦으로써 말이다. 또한 새로운 기회도 창출할 수 있다. 커뮤니티의 적극적인 멤버가 되고 그들의 이니셔티브에 기여하는 것은 긍정적인 평판을 만들 수 있다. 약 70%의 직업은 절대로 광고하지 않는다고 한다. 그것이 게임에서도 사실인지는 모르겠지만, 방해되지 않는 네트워킹은 인터뷰에서 우위를 점하는 데 도움이 될 수 있고, 커뮤니티 이니셔티브에 참여하는 것은 괜찮은 네트워킹 방법이다.

모든 유저 리서치 역할에서 링크드인^{LinkedIn} 프로필을 유지하는 것도 좋다. 채용담당자는 기술 관련 직종에서 매우 일반적이며, 경력이 쌓일수록 더 많은 취업 기회에 노출될 것이다.

게임 유저 리서치 커뮤니티의 적극적인 구성원이 되는 게 모든 사람에게 가능한 것은 아니다. 일부 사람들은 업무 외 시간에 헌신하기 어려운 다른 약속이 많을 수 있기 때문이다. 가능하다면 게임 유저 리서치 분야를 발전시키는 데 도움이 되는 동시에 개인적인 발전을 위해서도 좋은 기회다. 누구나 한때는 새로웠고, 업계에 처음 온 경험을 공유하는 것은 미래에 다른 사람들이 같은 일을 겪었을 때도 도움이 될 것이다.

4

마지막: 레벨 업

이 책을 통해 우리는 게임 개발과 연관된 일을 한다는 것은 어떤 것인지, 게임 유저 리서처가 된다는 것이 어떤 의미이며 게임 유저 리서처로서 커리어를 쌓기 위한 몇 가지 노하우를 배웠다.

앞서 살펴본 바와 같이 게임 유저 리서처가 되는 것은 어렵게 느껴질 수 있다. 경쟁이 매우 심하기 때문에 첫 직장을 얻는 것은 특히나 어렵다. 게임업계에서 지속해서 일하는 것 또한 커리어적으로나 개인적으로 어느 정도의 희생이 필요하기 때문에 어려울 수 있다.

또한 게임업계에서 일한다는 것은 사람들이 사랑하는 제품에 열정이 넘치는 사람들과 함께 일할 수 있는 기회를 가짐으로써 매우 보람된 일이 될 수 있음을 확인할 수 있었다. 열정과 일이 일치하는 경우는 드물고, 이는 가볍게 볼 수 없는 문제다. 플레이스테이션에서 일하는 동안, 그리고 그 이후의 프로젝트에서 나는 게임이 가장 흥미롭고 보람 있는 리서치 과제를 포함하고 있음을 알 수 있었다.

게임의 매체는 항상 변화하고 있으며, 특히 구독과 게임 이용권에 대한 산업적 관심이 높아지고, 초기 플레이어 경험이 플레이어 유지와 게임의 성공을 위해 훨씬 더 중요해지고 있다. 이는 게임업계에서 이뤄질 수 많은 흥미롭고 영향력 있는 리서치를 의미하며, 차기 게임 유저 리서처들이 이러한 과제를 어떻게 해결해 나갈지 궁금하다.

이 책을 모두 읽고 난 후 나는 독자들에게 앤더스 드라흔, 페즈만 미르자-바바이와 레나트 E. 넥케가 집필한 『Games User Research』 (Oxford University Press, 2018)라는 책을 읽어보기를 권한다. 이 책은 우리가 언급한 각 리서치 방법에 대해 자세히 다루고 있으며, 그 방법이 사용되는 몇 가지 훌륭한 사례를 포함하고 있다.

'IGDA Games Research and User Experience SIG 디스코드'에 참여하는 것은 커뮤니티 이니셔티브와 커리어 개발 기회 발굴을 위한 매우 추천할 만한 채널이다. 해당 내용은 IGDA GRUX SIG 웹사이트 (www.grux.org)에서 확인할 수 있다.

게임 유저 리서치 분야에서의 커리어 시작에 도움을 줄 수 있는 추가 자료는 이 책의 웹사이트(www.GamesUserResearch.com)에서도 얻을 수 있다.

나는 이 책을 통해 유저 리서치가 게임의 발전에 도움을 준다는 메시지를 전달하고 싶었다. 이제 더 이상의 변명은 없다. 서둘러 시작하자.

게임 유저 리서치 용어집

게임 개발과 유저 리서치 분야에서는 어려운 용어를 사용하는 경우가 많다. 사람들의 이해를 방해할 여지가 있다는 점에서 우리가 연구한 결과물의 영향력을 축소시킬 여지가 있어 긍정적인 부분은 아니다.

이 책에서는 지나치게 전문적인 용어는 피하려고 노력했고, 피할 수 없는 경우에는 복잡한 용어를 충분히 설명하기 위해 노력했다. 다른 곳에서 설명하는 데 실패할 경우를 대비해서 추가로 해당 용어집을 추가해 게임 개발 및 유저 리서치 영역에서 활용되는 용어를 다뤄 보고자 한다.

트리플A 게임^{AAA} 삭제 – 트리플A 게임은 매우 유명하고 거액의 예산이 드는 게임을 말한다. 예를 들면 〈그랜드 테프트 오토〉, 〈더 라스트 오브 어스^{The Last of Us}〉 등이 있다. A가 의미하는 단어에 대한 해석이 분분한 가운데(예산, 마케팅, 스튜디오 규모, 개발 소요 시간 등을 평가하는 데 있어 A등급이라는 해석이 지배적이다), 업계에서는 통상적으로 대형 스튜디오에서 제작된 블록버스터 게임을 지칭한다.

증강현실 – 현실 세계에 비디오 콘텐츠를 결합한 형태의 게임이다. 예를 들어 카메라로 촬영한 비디오 영상에 가상의 캐릭터 이미지를 더해 보여주는 것이다. 핸드폰 카메라를 통해 집 앞 공원에 포켓몬이 있는 것처럼 보여주는 〈포켓몬 고^{Pokémon GO}〉 게임이 대표적이다.

빌드 – 개발 과정에서 만들어진 게임 버전. 게임 제작자들은 게임 레벨을 디자인하거나 적군의 행동을 프로그래밍하는 것 같은 각자만의 도구를 사용해 게임의 각 요소를 개별적으로 만든다. 빌드는 이러한 개별 요소를 하나의 플레이할 수 있는 형태로 합쳐놓은 것을 일컫는다. 스튜디오는 개발 과정에서 빌드를 만드는 과정을 반복적으로 거치며, 유저 리서처가 리서치를 진행할 수 있도록 테스트를 위한 맞춤 빌드를 제작하기도 한다.

크런치 – 마감 기한 내에 개발을 마치기 위해 더 긴 업무 시간 또는 주말까지 투자하며 집중적으로 개발에 몰두하는 기간을 의미한다. 크런치에 대한 내용은 이 책의 첫 세션에서 좀 더 자세히 다루고 있다.

디자이너 – 넓은 의미에서 디자이너는 게임과 관련해 영향력 있는 결정을 내리는 모든 사람을 뜻한다. 게임의 특징적 요소의 우선순위를 정하는 프로듀서, 캐릭터 외형을 결정하는 아티스트, 스토리 흐름 구성을 결정하는 내러티브 디자이너 등 모두가 포함된다. 구체적인 디자이너의 역할은 이 책의 첫 부분에서 설명하고 있다.[1]

디자인 의도 – 디자이너는 게임의 구현 방향성이나 플레이어들이 어떤 감정을 느끼길 원하는지 등에 대한 비전을 갖고 있다. 해당 내용이 정의되고 글로 작성되는 경우도 있지만, 디자이너의 머릿속에만 있는 경우도 있다. 유저 리서처는 게임의 각 요소에 대한 디자이너의 비전을 이해해야 하며, 게임에 구현된 내용이 의도대로 작용하는지 평가해야 한다.

리서치 진행 가이드 – '리서치 계획'이라고도 한다. 해당 문서는 유저 리서치 세션의 활동 내용을 담고 있으며, 세션 과정에서 진행자가 계획대로 진행되는지 확인하기 위한 용도로 활용된다. 여러 명의 진행자가 있는 경우 해당 문서는 더욱 도움이 된다. 리서치 진행 가이드 제작에 관련된 내용은 해당 책의 중간 세션에 담겨 있다.

---

1 서구 게임업계에서 사용하는 디자이너라는 표현은 한국의 IT 및 게임업계 관점에서는 기획자 역할을 포함하는 조금 더 포괄적인 개념으로 볼 수 있다. – 옮긴이

검증 리서치 – 다수의 리서치 테스트는 디자이너의 의도대로 디자인에 반영됐는지 확인하기 위한 목적으로 진행된다. 해당 테스트를 통해 게임팀은 그들이 원하는 경험을 플레이어에게 제공할 수 있게 된다. 사용성 테스트가 대표적인 형태다. 이 외의 방법론에 대해서는 이 책의 2장에서 다룬다.

게임 요소features – 게임 요소는 플레이어가 게임에서 경험하는 요소 중 다른 게임과 차별화되는 부분을 의미한다(예: 무기 제작 등). 게임 요소라는 단어는 게임 메카닉mechanics이라는 용어와 종종 교환돼 사용되는 경우가 많으나 게임 요소가 여러 게임 메카닉의 결과물로서 발생한다는 의견도 있다.

결과물findings – 각 리서치를 통해 많은 것을 알아낼 수 있다('플레이어가 퍼즐 해결 방법을 알아내지 못한다' 등). 리서치를 통해 알아내게 된 각 요소가 바로 결과물이다. 플레이어의 행동을 관찰하거나 인터뷰 데이터를 통해 왜 해당 행동이나 사건이 일어나는지 이해하게 되는 정보가 이에 해당한다. 이 책의 중간 세션에서 리서치 데이터를 어떻게 분석하고 결과물로 만들어내는지 다루고 있다.

라이브 게임 – 새로운 콘텐츠를 제공하기 위해 지속적인 업데이트를 진행하는 게임 형태를 일컫는다. 대부분의 경우 구독료 또는 추가 아이템 구매를 통해 수익을 창출하며, 〈포트나이트〉가 대표적이다.

선행 리서치generative research – 발달 리서치formative research 또는 발견 리서치discovery research라고 부르기도 한다. 해당 리서치를 통해 게임을 단순히 플레이하는 것 이상으로 플레이어 행동에 대해 배울 수 있다. 플레이어가 어떤 것을 이미 알고 있거나 할 수 있는지를 이해하면 디자인을 위한 아이디어에 영감을 주거나 다양한 게임 요소의 구현을 개선하는 데 도움을 줄 수 있다. 리서치 방법론은 이 책의 2장에서 더 자세히 다루고 있다.

보상^{incentive} – 리서치에서 사람들에게 보상을 지급해 테스트 참여를 유도하는 경우는 흔하다. 보상으로는 현금이나 상품권을 지급한다. 테스트를 무상으로 진행하거나 상품을 제공하지 않는 것이 가장 좋다. 보상 없이 테스트를 진행하면 해당 게임에 열광하는 사람들만 참여해 결과가 왜곡될 수도 있다.

IP^{intellectual property} – '지적 재산'이라고 한다. 게임에서 IP는 시리즈, 캐릭터 등 게임 컨셉에 대한 법적 소유권을 의미한다. 여기에는 라이선스 캐릭터(⟨스파이더 맨⟩ 등)나 비디오 게임 시리즈(⟨갓 오브 워^{God of War} ⟩ 등)이 포함된다.

킥오프 문서^{kick-off document} – 진행될 리서치 목표, 일정, 모집 조건, 방법론 등의 내용이 담긴 문서다. 킥오프 미팅 진행과 관련된 내용은 책의 중반 세션에서 다루고 있다.

게임 루프 – 게임 루프는 플레이어가 게임에서 실제로 하게 되는 활동을 나타내는 용어다. 예를 들어 ⟨마인크래프트^{Minecraft}⟩에서는 플레이어가 요새를 만들기 위해 자원을 수집하고, 생존을 위해 요새를 짓고, 더 많은 자원을 모으기 위해 생존해야 한다. 다른 대부분의 게임의 경우 돈을 벌기 위해 몬스터를 죽이고, 더 많은 몬스터를 죽이기 위해 더 좋은 장비를 살 수 있게 한다. 많은 게임은 몇 가지 핵심적인 반복 활동으로 나눌 수 있다.

게임 메카닉^{mechanics} – 게임 메카닉이라는 개념은 게임 요소^{feature}라는 용어와 종종 상호 교환돼 사용된다. 예시로 '이 게임에는 무기 제작 게임 요소가 있다'고 하는 것은 인벤토리^{inventory}, 아이템 수집, 아이템 폐기, 아이템 결합을 통한 무기 제작, 무기 판매 등 다양한 게임 메카닉을 포괄하는 의미다. 게임 요소가 게임에 잘 도입되기 위해서 각 게임 메카닉은 개별적으로 설계돼야 하며 플레이어들이 작동 원리를 잘 이해할 수 있어야 한다.

멘탈 모델 - 어떤 것이 작동하는 원리를 이해하는 것을 뜻한다. 플레이어는 게임의 각 요소가 어떻게 작동하는지에 대한 멘탈 모델을 형성하는데, 이는 게임이 어떻게 보이는지, 게임이 그들의 행동에 어떤 반응을 주는지 같은 단서를 바탕으로 한다. 디자이너 또한 게임의 각 요소가 어떻게 작동하는지에 대한 멘탈 모델을 갖고 있다. 성공적인 교육은 플레이어와 디자이너의 멘탈 모델이 일치하는 경우에 이뤄진다고 볼 수 있다.

관찰 - 많은 리서치 방법론은 플레이어가 게임하는 모습을 보고 그들의 행동이 디자이너의 기대와 어떻게 다른지 알아내는 과정을 포함한다. 플레이어를 지켜보는 과정을 관찰이라고 한다. 관찰을 포함하는 리서치 방법론에 대해서는 2장에서 더 자세히 다루고 있다. 다수의 리서치 방법론에는 사람들의 플레이를 관찰하는 과정이 포함돼 있다.

참여자 - 리서치에 참여하는 플레이어를 리서치 참여자라고 부른다. 이 책의 중반 세션에서 참여자를 모집하는 방법을 다루고 있다.

리서치 목표 - '리서치 질문'이라고 부르기도 한다. 이는 리서치의 목표이며, 이를 통해 무엇을 배우려는지 설명한다. 이는 참여자에게 직접적으로 하는 질문과는 다르다. 리서치 목표는 "플레이어들이 어디로 가야 하는지 알고 있는가?" 등이 될 수 있다. 해당 리서치 목표를 다루기 위해서 참여자에게 물어보는 인터뷰 질문은 "지금 어디로 가고 싶으신가요?", "어디로 가야 하는지 어떻게 알게 되셨나요?" 등이 될 수 있다.

리서치^{study} - 유저 리서치에서 리서치는 리서치 목표를 위해 리서치 활동을 진행하는 과정을 의미한다(인터뷰, 사용성 테스트 등). 리서치는 방법론이나 목표가 포함된 이름으로 불리는데 '사용성 리서치', '재미 리서치' 등이 있다. 이 부분에서 혼란이 생기기도 하는데 리서치가 불리는 방식이 아직 통일되지 않았기 때문이다. 사람들이 리서치를 통칭하는 용어의 몇 가지 예는 다음과 같다.

- **사용성 테스트**usability testing : 리서치 목표가 플레이어가 게임에서 잘 활동하거나 이해하는지를 확인하는 데 집중된 경우다. 이 경우 리서치에 대한 설명이 리서치 목표에 따라 이름을 붙였다.

- **사용자 의견 테스트**opinion testing : 리서치 목표가 플레이어가 게임을 즐기는지를 확인하는 데 집중된 경우다. 실험적 테스트experimental testing, 어필 테스트appeal testing, 선호도 테스트preference testing라고 부르기도 한다. 이 경우 또한 리서치에 대한 설명이 리서치의 목표에 따라 이름을 붙였다.

- **생체 측정 테스트**biometric testing : 심장 박동 등 플레이어의 신체 반응에 따른 측정값을 바탕으로 결론을 도출하는 리서치를 의미한다. 이 경우 리서치 내에서 데이터를 수집하는 데 사용되는 방법론의 이름을 따서 지었다.

- **가상현실 테스트**VR testing : 가상현실 프로그램에 기반해 진행되는 리서치를 말한다. 이 경우 리서치 대상 매체의 이름을 딴 리서치 유형의 사례다.

리서치 계획 - 리서치 진행 가이드와 같은 의미다.

사용성usability - 사용성은 무언가가 얼마나 사용 가능한지, 플레이어가 목표 달성을 위해 과제를 얼마나 성공적으로 수행할 수 있는지를 의미한다. 게임에서 사용성은 플레이어가 그들이 해야 하는 행동을 이해하는지, 그리고 할 수 있는지를 확인한다. 게임은 도전이 따르기 때문에 사용성은 다른 소프트웨어보다 더 많은 의미를 내포한다. 게임에서 사용성 문제는 의도하지 않은 도전적인 상황만을 의미하며, 디자이너가 의도한 도전은 포함하지 않는다. 사용성 문제를 밝혀내는 것은 유저 리서치가 진행하는 가장 흔한 리서치 중 하나다.

유저 인터페이스 - 유저 인터페이스는 게임 상태를 나타내기 위해 플레이어가 보는 것을 의미한다. 메뉴, 버튼, 상태 표시줄, 지도, 강조 표시 등 플레이어가 현재 진행 중인 일이나 그들이 수행할 일을 알려주는 요소를 포함한다.

유저 경험 - 유저 경험은 게임이 플레이어에게 미치는 영향을 의미한다. 게임 플레이, 난이도, 그래픽, 사용성, 가격, 조작감 등 게임의 모든 요소가 복합적으로 작용해 만들어진다.

가상현실 - 가상현실은 플레이어가 헤드셋을 착용하고 그들의 시야를 완전히 차단해 컴퓨터가 만든 환경 안에 있는 것 같은 효과를 주는 게임 플레이 방식이다. AR과 달리 게임 환경은 컴퓨터가 만든 이미지를 실제 세계에 겹쳐 보이는 것이 아니라 완전히 컴퓨터가 만든 것이다.

찾아보기

게임 유저 리서치
더 좋은 게임을 만들기 위한 사용자 조사 방법

발 행 | 2023년 2월 28일

옮긴이 | 김 슬 기 · 구 본 승 · 구 지 연 · 김 현 성 · 안 시 형 · 강 윤 영
지은이 | 스티브 브롬리

펴낸이 | 권 성 준
편집장 | 황 영 주
편 집 | 김 진 아
　　　　임 지 원
디자인 | 윤 서 빈

에이콘출판주식회사
서울특별시 양천구 국회대로 287 (목동)
전화 02-2653-7600, 팩스 02-2653-0433
www.acornpub.co.kr / editor@acornpub.co.kr